Künstliche Intelligenz selber programmieren für dummies Junior

Ute Schmid, Katharina Weitz und Michael Siebers

2. vollständig überarbeitete und erweiterte Auflage

WILEY
WILEY-VCH GmbH

**Bibliografische Information
der Deutschen Nationalbibliothek**

Die Deutsche Nationalbibliothek verzeichnet diese Publikation in der Deutschen Nationalbibliografie; detaillierte bibliografische Daten sind im Internet über http://dnb.d-nb.de abrufbar.

2. vollst. überarb. u. erw. Auflage 2025

© 2025 Wiley-VCH GmbH, Boschstraße 12, 69469 Weinheim, Germany

All rights reserved including the right of reproduction in whole or in part in any form. This book published by arrangement with John Wiley and Sons, Inc. Alle Rechte vorbehalten inklusive des Rechtes auf Reproduktion im Ganzen oder in Teilen und in jeglicher Form. Dieses Buch wird mit Genehmigung von John Wiley and Sons, Inc. publiziert.

Wiley, the Wiley logo, Für Dummies, the Dummies Man logo, and related trademarks and trade dress are trademarks or registered trademarks of John Wiley & Sons, Inc. and/or its affiliates, in the United States and other countries. Used by permission.

Wiley, die Bezeichnung »Für Dummies«, das Dummies-Mann-Logo und darauf bezogene Gestaltungen sind Marken oder eingetragene Marken von John Wiley & Sons, Inc., USA, Deutschland und in anderen Ländern.

Das vorliegende Werk wurde sorgfältig erarbeitet. Dennoch übernehmen Autoren und Verlag für die Richtigkeit von Angaben, Hinweisen und Ratschlägen sowie eventuelle Druckfehler keine Haftung.

T-Shirt-Illustration auf Cover: Graficriver – stock.adobe.com
Korrektur: Geesche Kieckbusch
Satz: Straive, Chennai, India
Druck und Bindung: CPI Group (UK) Ltd, Croydon, CR0 4YY

Print ISBN: 978-3-527-72188-7
ePub ISBN: 978-3-527-84752-5

Bevollmächtigte des Herstellers gemäß EU-Produktsicherheitsverordnung ist die Wiley-VCH GmbH, Boschstr. 12, 69469 Weinheim, Deutschland, E-Mail: Product_Safety@wiley.com.

Inhalt

Widmung — 7
Einführung — 9
Über Künstliche Intelligenz — 9
Über dieses Buch — 11
Über dich — 11
Über die Symbole, die wir in diesem Buch verwenden — 12

Kapitel 1: Denken — 13
Wie denken eigentlich Menschen? — 13
Netze ohne Spinnen – dafür mit Knoten und Kanten — 15
Schlussfolgerndes Denken mit semantischen Netzen — 17
    Wissensfragen — 17
    Schlussfolgerungsfragen — 18
    Komplizierte Schlussfolgerungsfragen — 18
Baue dein eigenes semantisches Netz — 21
Was heißt eigentlich »Denken«? — 22
    Deduktives Denken — 22
    Abduktives Denken — 23
    Induktives Denken — 24
Denken mit Wahrscheinlichkeiten — 25

Kapitel 2: Lernen — 27
Warum Lernen so wichtig ist — 27
Wie lernen wir Menschen? — 28
Wie kann ein Computer lernen? — 28
Geschenke, Katzen und andere Konzepte — 30
Lernen mit Perzeptron — 31
    Testen des Perzeptrons — 35
    Schwierigere Paketprobleme — 36

Vom Perzeptron zum neuronalen Netz 37
Vom neuronalen Netz zum tiefen Lernen. 39
Auswendiglernen vermeiden 41
Lernen aus ganz wenigen Beispielen 42
Lernen mit Bäumen. 42
Lernen und Vorurteile 48
Und die Profis? 49
Lösung: Welche Pakete enthalten ein Geschenk? 50

Kapitel 3: Sprechen und Schreiben 51

Natürliche und künstliche Sprachen 51
Sprachverarbeitung mit Künstlicher Intelligenz 52
Muster suchen und erkennen 52
Porzellankisten sind nicht immer Porzellankisten 52
Computer, die Sprache verstehen – von SHRDLU, WATSON und ELIZA. 53
Hallo LILI. 55
Familiengespräche. 55
Schreiben statt sprechen 56
Mensch oder Computer?. 56
Die Chatbots kommen 57
Der Chatbot, der alle zum Staunen bringt 57
Ein Blick hinter die Kulissen 58
Sehr überzeugend – bei völliger Ahnungslosigkeit! 59
Wo bleibt der Link zu ChatGPT?. 60

Kapitel 4: Bilder generieren 61

Ein Prompt, aber prompt! 61
So malst du mit Generativer KI 62
Tipps und Tricks für bessere Ergebnisse 65
SDXL – kein Buchstabensalat, sondern eine KI, die Bilder generiert. 66

Kapitel 5: Spielen 69

Roboterfußball – Toooor. 69
Schlangen und ärgerliche Vögel 70
Brett vorm Kopf? Nicht bei Brettspielen! 72

Tic-Tac-Toe.	73
Die Regeln	73
Tic-Tac-Toe mit einem Computer spielen	73
Gute Spieler, schlechte Spieler	74
Warum kann man nicht alle Züge ausprobieren?	76
Schieben und rutschen.	78

Kapitel 6: Fühlen   81

Über die Emotionen.	81
Computer, die einen ärgern.	82
Kreise und Dreiecke mit Absichten	83
Ein emotionaler Staubsauger?	84
Erklären, was die Künstliche Intelligenz sieht	85

Kapitel 7: Was du jetzt über KI weißt   87

Wie unterscheiden sich KI-Systeme von Standard-Software?.	88
KI ist nicht immer korrekt, aber trotzdem nützlich.	90
Was unterscheidet menschliche und künstliche Intelligenz?	90
Geschichte der KI	92
KI vor der KI	92
Von Informatik- und KI-Pionieren.	94
Wo steht KI jetzt?	95
Ein Blick in die Glaskugel	96

Kapitel 8: KI selber programmieren mit Python   97

Schnelleinstieg Python.	98
Der Python-Editor IDLE	98
Einfache Datentypen und Variablen	100
Listen und Tupel	102
Bedingte Anweisungen	104
Schleifen	106
Funktionen	109
Module	110
Klassen	112

Denken. 113
   Netze ohne Spinnen – dafür mit Knoten und Kanten 113
   Semantische Netze in Python 115
   Darf's ein bisschen komplizierter werden?. 119
Lernen 120
   Pakete wahrnehmen. 121
   Das Perzeptron lernt aus Fehlern 122
   Testen des Perzeptrons 124
   Schwierigere Paketprobleme 126
   Entscheidungsbäume in Python 128
   Testen des Entscheidungsbaums 131
Sprechen und Schreiben. 132
   Familiengespräche. 134
   Schreiben statt Sprechen. 135
   LILI spricht 139
Spielen. 140
   Tic-Tac-Toe in Python 140
   Der Minimax-Algorithmus 142
   Wer gewinnt? 145

Zum Wiederfinden   147

Über die Autoren   151

Danksagung   153

Was du jetzt denkst   155

Widmung

Für Anna, mit der man so klug über Künstliche Intelligenz (und viele andere Dinge) diskutieren kann

Einführung

Hallo KI-Nachwuchsforscherin oder KI-Nachwuchsforscher!

Du willst es also wissen und möchtest erfahren, was Künstliche Intelligenz – kurz KI – eigentlich ist? Und du willst es ganz genau wissen und KI-Methoden ganz konkret anhand von Beispielen kennenlernen.

Du wirst sehen, dass unsere menschliche Intelligenz ganz schön beeindruckend ist – wir können zum Beispiel aus verschiedenen Informationen Schlussfolgerungen ziehen, wir können aus Erfahrung lernen, wir können Spiele wie Tic-Tac-Toe spielen, uns unterhalten, fühlen und Gefühle erkennen. Aber du wirst sehen, dass es möglich ist, solche Intelligenzleistungen – zumindest teilweise – durch Computerprogramme zu simulieren.

Über Künstliche Intelligenz

Künstliche Intelligenz ist ein Teilgebiet der Informatik. Hier geht es darum, Dinge, die typisch für Menschen sind, in Computern und Robotern umzusetzen. Der Begriff Artificial Intelligence – AI (englisch für Künstliche Intelligenz) wurde bereits 1956 vom Wissenschaftler John McCarthy eingeführt. Die ersten KI-Forscher gingen davon aus, dass jeder Aspekt der menschlichen Intelligenz so genau beschrieben werden kann, dass man ihn nachprogrammieren kann. KI-Forscherinnen und -Forscher gehen davon aus, dass wir durch das Nachprogrammieren besser verstehen, was menschliche Intelligenz eigentlich ausmacht. Aber KI-Forschung hat auch das Ziel, dass Computer und Roboter immer komplexere Dinge tun können, die der Mensch im Moment noch besser kann. Dass Computer schneller rechnen können, erstaunt uns nicht. Inzwischen finden wir es auch normal, dass ein Schachprogramm besser spielt als die meisten Menschen. Aber wie sieht es zum Beispiel damit aus, zu erkennen, ob ein bestimmtes Objekt auf einem Bild zu sehen ist, eine Geschichte zu verstehen oder als Fahrradfahrer am Verkehr teilzunehmen?

Einführung

Bevor du das Buch durcharbeitest und KI-Experte oder KI-Expertin geworden bist, solltest du kurz einmal darüber nachdenken, was du glaubst, was Computer und Roboter

1 schon können

2 bald können werden

3 nie können werden.

Schreibe auf, was du jetzt denkst:

_____
_____
_____
_____
_____
_____
_____
_____
_____
_____
_____
_____
_____
_____
_____
_____

Und dann schaue dir, nachdem du das Buch gelesen hast, noch mal an, was du gedacht hast. Hat sich etwas geändert? Macht es dir Spaß, über das, was du durch dieses Buch gelernt hast, nachzudenken? Dann findest du am Ende des Buchs weitere Fragen.

Über dieses Buch

Dieses Buch will dir an zahlreichen Beispielen zeigen, wie man menschliche Intelligenzleistungen so genau beschreiben kann, dass sie programmierbar werden. Dabei sind die Abläufe, um die es hier gehen soll, schon ganz schön kompliziert.

Für manche Themengebiete geben wir Hinweise, wie solche Programme umgesetzt werden können. Die Programme sind in der Programmiersprache Python geschrieben. Im achten und letzten Kapitel geben wir eine kurze Einführung in Python. Wenn du die vorgestellten KI-Methoden noch besser verstehen und nachprogrammieren möchtest, ist das achte Kapitel genau richtig für dich. Wir gehen mit dir hier Schritt für Schritt den Programmcode durch, den du benötigst, um deiner KI das denken, lernen oder sprechen beizubringen. Du kannst auch gut mit dem Buch arbeiten, wenn du die Programmbeispiele ignorierst. Wenn du schon Programmierkenntnisse hast, macht es dir hoffentlich Spaß, die Programme selbst auszuprobieren. Wenn du noch keine Programmierkenntnisse hast, bekommst du vielleicht Lust, in das Thema einzusteigen. In jedem Fall wirst du, wenn du das Buch durchliest, besser verstehen, was mit Künstlicher Intelligenz gemeint ist – auf jeden Fall besser als viele Erwachsene.

Vermutlich klingt KI im Moment noch ein bisschen wie Magie für dich. Vielleicht denkst du, dass die KI-Systeme von morgen so superintelligent sein werden, dass sie die Menschen übertreffen und vielleicht sogar für uns gefährlich werden können. Das Buch soll dir helfen, durch ganz konkrete Beispiele besser zu verstehen, was KI eigentlich ist, und dass wir uns manchmal auch zu sehr beeindrucken lassen.

Über dich

Du interessierst dich für Künstliche Intelligenz, vielleicht hast du sogar schon mal etwas programmiert. Du weißt, dass man manchmal ganz schön lange nachdenken und probieren muss, bis ein Programm das tut, was man von ihm erwartet. Und du weißt auch, wie toll es sich anfühlt, wenn der letzte Fehler gefunden und behoben ist und das Programm läuft. Egal ob du schon mal programmiert hast oder nicht, du solltest Lust am logischen Denken und Knobeln mitbringen. Mit diesen Voraussetzungen wirst du dieses Buch sehr gut nutzen können, um durch Selberprogrammieren zu verstehen, was mit Künstlicher Intelligenz gemeint ist.

Wenn du noch wenig Erfahrung mit Programmierung hast und du nicht der Typ bist, der sich stundenlang in Code vertiefen mag, kannst du die »Abkürzung« wählen und dir das fertige Programm auf der Webseite des Verlags herunterladen und ausprobieren. Dadurch wirst du weniger genau verstehen, wie man »KI macht«, aber du erfährst immer noch genug, um einen guten Eindruck zu bekommen.

Über die Symbole, die wir in diesem Buch verwenden

Dir werden in diesem Buch öfter verschiedene Symbole begegnen. Damit wollen wir dir besonders wichtige Sachen mitteilen oder auch Tipps mitgeben:

Hier erinnern wir dich an wichtige Dinge.

Hier gibt es Tipps zum Code.

Vorsicht, hier musst du aufpassen!

Hier findest du Hintergrundinformationen aus der Mathematik, der Informatik oder der Psychologie.

Hier findest du Hinweise zum Beispielcode im achten Kapitel.

Gelb unterlegter Text weist dich auf eine Abbildung hin.

Übrigens bieten wir dir auf der Webseite des Verlags alle in diesem Buch besprochenen Python-Programme an, damit du sie nicht abtippen musst:
www.wiley-vch.de/ISBN9783527721887

Nutze die Programme auch, um damit herumzuspielen und zu experimentieren. Für die meisten im Buch besprochenen Programme geben wir Anregungen, wie du die Programme erweitern kannst. Beispiele für solche Erweiterungen findest du ebenfalls auf dieser Webseite.

Nun aber los, auf in die spannende Welt der Künstlichen Intelligenz!

Kapitel 1
Denken

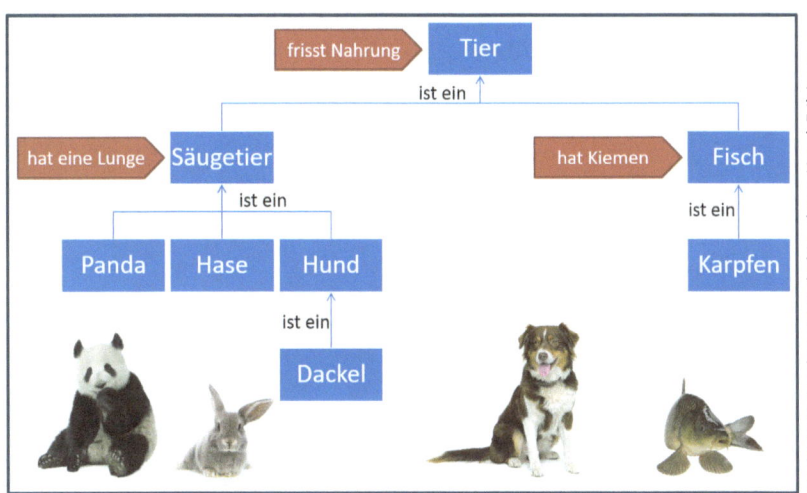

Ich denke, also bin ich. Gilt das auch für Computer? In diesem Kapitel wollen wir dem Computer beibringen zu denken – wenigstens ein bisschen! Hierfür erklären wir dir, auf welch unterschiedliche Arten man denken kann.

Wie denken eigentlich Menschen?

Wir Menschen denken fast die ganze Zeit etwas, oft merken wir es gar nicht. Manchmal aber schon: Zum Beispiel, wenn du gefragt wirst, was 56 plus 18 ist, dann denkst du vielleicht: »Okay, 56 plus 10 ist 66 und jetzt muss ich noch 8 dazu tun, das sind dann 66 plus 8, also 74.« Vielleicht hättest du diese Rechenaufgabe auch anders gelöst, vielleicht hättest du erst plus 4 gerechnet und dann plus 14, aber du hättest sicher mehrere Rechenschritte nacheinander ausgeführt.

Wenn man einem Computer eine Aufgabe gibt, führt er auch meistens mehrere Rechenschritte nacheinander durch. Aber: Die sind vorprogrammiert. Das heißt, das Addieren von zwei Zahlen wird immer auf die gleiche Art erledigt. Du dagegen wirst beim Kopfrechnen unterschiedliche Lösungswege wählen – je nachdem welche Zahlen zu addieren sind. Wenn du dagegen schriftlich addierst, machst du es nach einer festen Vorschrift, wie du es im Matheunterricht gelernt hast, also ähnlich wie ein Computer.

Häufig kann man nicht sofort mit dem Programmieren beginnen, sondern muss die Arbeitsschritte und Rechenvorschriften für Programme erst einmal allgemeiner beschreiben. Erst wenn man sich einen Überblick über die wichtigsten Schritte verschafft hat, kann man sich Detailfragen widmen.

Eine allgemeine Formulierung von Rechenschritten oder Handlungsvorschriften zur Lösung eines Problems heißt Algorithmus.

Das immer gleiche Anwenden von Regeln ist typisch für Computerprogramme. Will man eine Künstliche Intelligenz programmieren, muss man es hinkriegen, Computerprogramme zu schreiben, die nicht so starr nach einem immer gleichen Schema arbeiten, sondern auf verschiedene Situationen flexibel reagieren, ähnlich wie wir Menschen. Wir wollen dir das mal zeigen, wie das gehen kann. Dafür gehen wir mal weg von der Welt der Zahlen und schauen uns ein Beispiel aus der Biologie an. Wenn du gefragt wirst, ob ein Pandabär eine Lunge hat, wirst du sagen: »Ja, klar.« Vielleicht sagst du sogar: »Ja, logisch!«, und damit hast du dann tatsächlich den Nagel auf den Kopf getroffen!

Um die Frage zu beantworten, hast du, wie vorher bei dem Rechenproblem, verschiedene Denkschritte nacheinander ausgeführt – aber du hast es nicht gemerkt. Wir sind uns ziemlich sicher, dass du nicht gelernt hast, dass ein Panda eine Lunge hat. Was du im Biologieunterricht gelernt hast, ist, dass ein Panda ein Säugetier ist und dass Säugetiere Lungen haben. Um die Frage »Hat ein Panda eine Lunge?« zu beantworten, hast du eine Kette von Denkschritten ausgeführt. Genau genommen hast du sogar eine logische Schlussfolgerung gezogen!

Wenn du dir den ==Ausschnitt aus dem Schaubild zur Einteilung von Tieren== anschaust, kannst du deine Denkschritte noch mal bewusst nachvollziehen: Zeige mit dem Finger auf den Panda und gehe immer eine Ebene nach oben, so lange bis du bei einem Wort bist, das mit dem Merkmal »hat eine Lunge« versehen ist.

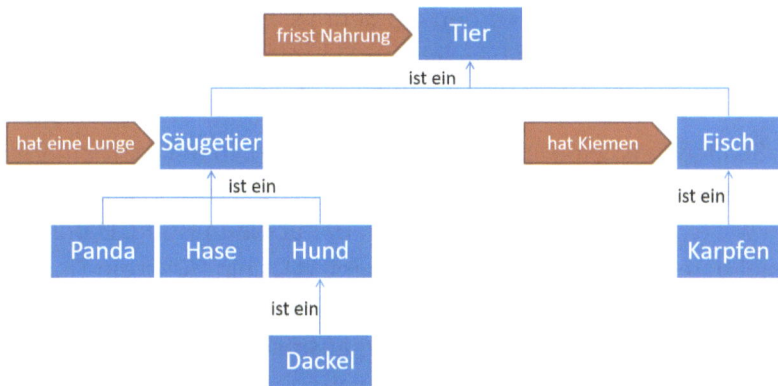

 *Du kannst natürlich auch mehr als nur einen Denkschritt ausführen. Wenn dich jemand fragt, ob ein Panda frisst, dann wirst du dem zustimmen. Du weißt, dass ein Panda ein Säugetier ist und dass Säugetiere zu den Tieren gehören. Deshalb kannst du logisch schließen: Ein Panda frisst, weil er ein Säugetier und somit ein Tier ist und Tiere fressen Nahrung. Anders übrigens als Pflanzen, die ihre Nährstoffe mithilfe der Fotosynthese aufnehmen. Aber das ist ein anderes Thema ...*

Das schrittweise Nach-oben-Laufen entspricht einer wichtigen logischen Regel – dem sogenannten *transitiven Schluss*. Den hat schon der alte Grieche Aristoteles vor mehr als 2000 Jahren gekannt und unter dem Namen »modus barbara« zu einer der grundlegenden Regeln für logisches Schließen erklärt.

Aber was hat jetzt Aristoteles mit Künstlicher Intelligenz zu tun? Damals gab es doch gar keine Computer! Es ist tatsächlich so, dass Aristoteles mit seinen Regeln für logisches Schließen eine ganz wichtige Grundlage für Künstliche Intelligenz geschaffen hat. Er hat damit zumindest einen Teil der Art, wie Menschen denken, so beschrieben, dass man daraus ein Computerprogramm machen kann.

Netze ohne Spinnen – dafür mit Knoten und Kanten

Das Schaubild zur Einteilung von Tieren ist aus Sicht der Künstlichen Intelligenz ein *semantisches Netz*. »Netz« deshalb, weil die Begriffe miteinander verbunden sind, wie zum Beispiel die Stationen im Streckennetz der Bahn. »Semantisch« deshalb, weil jedes Wort – Panda, Hund, Säugetier und so weiter – eine Bedeutung hat. Das Fachwort für Bedeutung heißt *Semantik*.

Bei einem semantischen Netz werden die Begriffe als *Knoten* und die Verbindungen dazwischen als *Kanten* bezeichnet. Ein solches Gebilde – egal ob Streckennetz oder semantisches Netz – heißt in der Informatik *Graph*.

Logisches Schließen ist eine spezielle Art zu rechnen. In der Mathematik rechnet man mit Zahlen, in der Logik mit Symbolen, die für etwas stehen. So können wir hund schreiben und meinen damit einen Hund. Damit wir nun zum Beispiel berechnen können, ob es stimmt, dass ein Hund ein Tier ist, müssen wir das semantische Netz, das wir als Graph gezeichnet haben, in eine Form bringen, mit der wir logische Schlüsse ausrechnen können. Dazu zerlegen wir das Netz so, dass wir jede Kante mit den zugehörigen Knoten einzeln der Reihe nach aufschreiben:

```
ist_ein(saeugetier,tier)
ist_ein(fisch,tier)
ist_ein(panda,saeugetier)
ist_ein(hase,saeugetier)
ist_ein(hund,saeugetier)
ist_ein(dackel,hund)
ist_ein(karpfen,fisch)
```

Der Graph ist jetzt zu einer Menge von einzelnen Fakten geworden. Auf diese Art kann man beliebige Graphen speichern. Zum Beispiel kannst du ein U-Bahn-Netz als Liste von Paaren speichern, wobei hier die Werte direkt benachbarte Stationen sind.

Die Kanten im Schaubild zur Einteilung von Tieren haben eine Richtung: (`"saeugetier"`, `"tier"`) *sagt, dass jedes Säugetier ein Tier ist. Die umgekehrte Aussage – jedes Tier ist ein Säugetier – ist falsch, denn es gibt ja verschiedene Tierarten. Neben Säugetieren gibt es zum Beispiel noch Vögel oder Reptilien. Die Richtung haben wir im Schaubild durch Pfeile angezeigt.*

Bei den U-Bahn-Stationen braucht man beide Richtungen – man kommt direkt von Bahnhof Zoo zum Ernst-Reuter-Platz und umgekehrt auch! Das heißt, in der Liste müssen beide Richtungen vorkommen: (`"Bahnhof Zoo"`, `"Ernst-Reuter-Platz"`) *und* (`"Ernst-Reuter-Platz"`, `"Bahnhof Zoo"`)*.*

Wir haben bei den Fakten erst den Namen der Kante geschrieben und dann in Klammern die Knoteninformation. Eine solche Schreibweise nennt man Präfixnotation. Man könnte auch mathematische Ausdrücke so schreiben. Zum Beispiel kann man 4 + 7 auch so schreiben: +(4,7), was dasselbe bedeutet. Manche Programmiersprachen nutzen eine solche Präfixschreibweise. Man sieht gleich am ersten Symbol, worum es gehen soll, und muss nicht erst weiter schauen. Beispielsweise erkennt man bei 4 − 7 erst nachdem man die 4 gelesen hat, dass es um Subtraktion gehen soll. Bei -(4,7) hat man die Information, was man rechnen soll, gleich als Erstes. Die Symbole in Klammern nennt man auch Argumente. Das Anfangssymbol gibt an, in welcher Beziehung die Argumente stehen oder was man mit ihnen tun soll. Das kann eine mathematische Operation wie plus oder minus sein oder eben auch die `ist_ein`*-Beziehung zwischen zwei Tieren.*

Du möchtest das semantische Netz mit Tieren programmieren? Schau mal in Kapitel 8 – unter »Denken« findest du den Code dazu.

Schlussfolgerndes Denken mit semantischen Netzen

Jetzt haben wir einen Ausschnitt unseres menschlichen Wissens so aufgeschrieben, dass wir damit »rechnen« können. Auf diese Art kann man auch dem Computer das Denken beibringen.

Wissensfragen

Wir fangen ganz einfach an und schauen uns an, wie man reine Wissensfragen mithilfe eines semantischen Netzes beantworten kann. Wir fragen die Beziehungen ab, die schon direkt gegeben sind, also die Fakten, die wir oben aufgeschrieben haben. Das ist so, wie wenn deine Lehrer und Lehrerinnen auswendig gelerntes Wissen abfragen.

Um Fragen wie

» Ist ein Säugetier ein Tier? JA

» Ist ein Fisch ein Karpfen? NEIN

zu beantworten, musst du die Frage in das von uns gewählte Format übersetzen, also zum Beispiel `ist_ein(karpfen, fisch)` und prüfen, ob der Fakt vorhanden ist. Wenn der Fakt da ist, kannst du mit »ja« (das weiß ich) antworten, ansonsten antwortest du »nein« (keine Ahnung, hat mir niemand gesagt).

Schlussfolgerungsfragen

Bei Menschen gilt üblicherweise, dass, wenn jemand die oben genannten Fakten kennt, die Person auch alle Schlussfolgerungen aus diesen Fakten kennt. Beispielsweise gilt, dass, wenn jemand weiß, dass ein Dackel ein Hund ist und ein Hund ein Tier ist, die Person auch weiß, dass ein Dackel ein Tier ist.

Diese Schlussfolgerung basiert auf der oben erwähnten logischen Regel zum Ziehen transitiver Schlüsse. Vielleicht kennst du das *Transitivitätsgesetz* aus der Mathematik: Wenn eine Zahl X kleiner ist als eine Zahl Y und eine Zahl Y kleiner als eine Zahl Z, dann ist X auch kleiner als Z:

Aus X < Y und Y < Z folgt, dass X < Z.

Weil das für alle Zahlen gilt, haben wir die Regel mit sogenannten Variablen `(X, Y, Z)` aufgeschrieben. So können wir das auch für unser semantisches Netz machen:

```
Aus ist_ein(X, Y) und ist_ein(Y, Z) folgt, dass gilt
ist_ein(X,Z).
```

Variablen sind Platzhalter für feste Werte wie konkrete Zahlen oder in unserem Fall Namen von Tieren.

Wenn wir prüfen wollen, ob gilt, dass ein Dackel ein Tier ist, dann setzen wir für `X dackel` und für `Z tier`. Jetzt müssen wir einen Fakt `ist_ein(dackel, Y)` finden. Wir finden `ist_ein(dackel, hund)`. Das heißt, die Variable `Y` wird durch `hund` ersetzt. Das macht man im kompletten Ausdruck. Das heißt, `ist_ein(Y, tier)` wird zu `ist_ein(hund, tier)`. Wir können also, gegeben das Wissen im semantischen Netz mit der Transitivitätsregel, schlussfolgern, dass ein Hund ein Tier ist.

Was wäre, wenn wir fragen würden: Ist ein Tier ein Hund? Dann würden wir analog vorgehen, also `ist_ein(tier, hund)` *anfragen mit* `X=tier` *und* `Z=hund`. *Wir finden keinen Fakt,* `ist_ein(tier, Y)`, *also lautet die Antwort »nein«.*

Komplizierte Schlussfolgerungsfragen

Mit den eingeführten Regeln können wir immer nur zwei `ist_ein`-Kanten miteinander kombinieren. Aber wir wissen ja auch, dass ein Dackel ein Tier ist.

Wenn man Schlüsse über beliebig viele Ebenen ziehen will, muss man die Transitivitätsregel verallgemeinern. Dazu schreiben wir die Regel von oben erstmal etwas um:

Erstens gibt es Fakten, die Paare von Tieren betreffen, die direkt mit einer Kante verbunden sind. Wenn wir über alle diese Fakten gemeinsam reden wollen, können wir wieder Variablen nutzen, also:

    ist_ein(X,Y)

für alle Paare wie `ist_ein(dackel,hund)`, `ist_ein(hund, saeugetier)` und so weiter.

Um transitiv zu schließen, definieren wir uns eine Regel namens `istein*(X,Y)`. Schreiben wir erstmal auf, was wir schon definiert haben:

    istein*(X,Y) wenn gilt ist_ein(X,Y)
    istein*(X,Y) wenn gilt ist_ein(X,Z) und ist_ein(Z,Y)

Die erste Zeile der Regel besagt, dass wir wissen, dass ein X ein Y ist, wenn uns der Fakt direkt bekannt ist. Die zweite Regel besagt, dass wir auch wissen, dass ein X ein Y ist, wenn wir die Fakten kennen, dass dieses X ein Z ist und dass Z ein Y ist.

Oben haben wir die Transitivitätsregel in einer anderen Reihenfolge aufgeschrieben und nach `ist_ein(X,Z)` *gefragt. Jetzt fragen wir nach* `istein*(X,Y)`, *damit wir die gleichen Variablen nehmen, wie in der ersten Zeile. Wir hätten hier auch wieder* X *und* Z *wählen können wie oben. Das ist aber etwas verwirrend. Es ist egal, wie wir die Variablen nennen, wir müssen es nur einheitlich tun.*

Mit den beiden Regeln können wir nun nicht mehr als vorher: Direkte Fakten prüfen und Beziehungen zwischen Tieren, die über zwei `ist_ein`-Kanten verbunden sind. Die zweite Regel können wir jetzt noch allgemeiner schreiben, um schließen zu können: Ein X ist ein Y, wenn es eine Kante `ist_ein(X,Z)` gibt und wenn transitiv gilt, dass ein Z ein Y ist. In der oben eingeführten Regelform sieht das so aus:

    istein*(X,Y) wenn gilt ist_ein(X,Z) und istein*(Y,Z)

Wir haben einfach den Namen der Regel nochmal genutzt. Dieses Prinzip heißt *Rekursion*.

 *Rekursive Definitionen werden in der Informatik und in der Mathematik immer dann verwendet, wenn man etwas mit unterschiedlich vielen Schritten, aber immer auf die gleiche Art, berechnen will. Rekursion kommt aus dem Lateinischen: recurrere heißt zurücklaufen.*

Probieren wir es aus: Wir fragen, ob gilt, dass ein Dackel ein Tier ist. Dazu rufen wir die Regel auf mit

    istein*(dackel,tier)

Die erste Regel prüft:

    istein*(dackel,tier) wenn gilt ist_ein(dackel,tier)

Diesen Fakt finden wir nicht in unserer Liste, also probieren wir die zweite, rekursive Regel:

    istein*(dackel,tier) wenn gilt ist_ein(dackel, Z) und
    istein*(Z,tier)

Wir finden den Fakt ist_ein(dackel,hund) und ersetzen die Variable Z mit hund. Im zweiten Teil der Regel müssen wir prüfen istein*(hund,tier). Wir schauen wieder zuerst die erste Regel an:

    istein*(hund,tier) wenn gilt ist_ein(hund,tier)

Wieder finden wir keinen entsprechenden Fakt. Also gehen wir wieder zur zweiten Regel:

    istein*(hund,tier) wenn gilt ist_ein(hund,Z) und
    istein*(Z,tier)

Wir finden den Fakt ist_ein(hund,saeugetier) und ersetzen die Variable Z im aktuellen Regelaufruf mit saeugetier. Und wieder müssen wir noch den zweiten Teil der Regel prüfen, nämlich istein*(saeugetier,tier). Wir schauen wieder zuerst die erste Regel an und siehe da:

    istein*(saeugetier,tier) gilt wenn ist_ein(saeugetier,tier)

gilt. Diesen Fakt haben wir ja. Nach drei Schritten haben wir also die Schlussfolgerung geschafft! Wir konnten mit den Regeln ausrechnen, dass gilt, dass ein Dackel ein Tier ist.

Baue dein eigenes semantisches Netz

Du kannst das semantische Netz um weitere Begriffspaare erweitern. In der Grafik vom Anfang des Kapitels würdest du also weitere blaue Kästchen einfügen. Auf welcher Ebene du Kästchen einfügst, ist dir überlassen. Du kannst zum Beispiel noch weitere Hundearten auf der Ebene einfügen, auf der bereits »Dackel« steht. Oder du wirst nochmal spezieller und fügst ein, dass ein Rauhaardackel ein Dackel ist. Du kannst aber auch eine Ebene darüber noch weitere Säugetiere hinzufügen. Oder Vögel.

Das war jetzt nur ein Beispiel, wie du dein ==semantisches Netz== erweitern kannst. Dir fallen bestimmt noch andere Tiere ein.

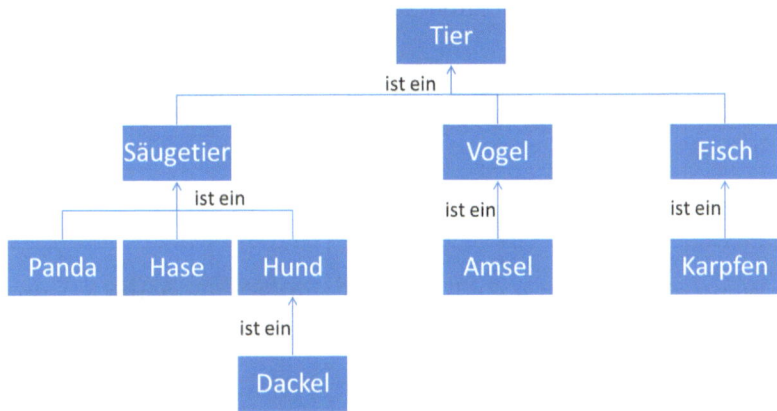

Natürlich kannst du unser Netz auch als Vorlage für andere semantische Netze nehmen, die von ihrer Struktur her ähnlich sind. Versuche doch mal ein semantisches Netz mit Automarken oder mit deinen Lieblingsstars aus Musik, Serien und Filmen zu erstellen.

*Ein Python-Programm für transitives Schließen in semantischen Netzen haben wir für dich auf der Webseite des Verlags hinterlegt. Alternativ kannst du auch die Programmiersprache Prolog nutzen, die speziell für das Ziehen von Schlüssen gemacht ist. Hierzu findest du eine Einführung unter **https://www.inf-schule.de/deklarativ/ logischeprogrammierung**.*

In Kapitel 8 geben wir dir ein Programmierbeispiel, wie du dein semantisches Netz erweitern kannst.

Was heißt eigentlich »Denken«?

Du hast nun eine wichtige Regel kennengelernt, mit der man logische Schlüsse ziehen kann. Damit kann eine spezielle Art abgebildet werden, wie wir Menschen denken, nämlich indem wir transitive Schlüsse ziehen. Es gibt verschiedene Arten, wie man über Dinge nachdenken kann. Wir wollen sie dir hier kurz vorstellen.

Deduktives Denken

Die Art des Denkens, die wir bisher betrachtet haben, nennt sich schlussfolgerndes Denken oder – mit einem Fachwort aus dem Lateinischen – *Deduktion*. Die einfache, nicht-rekursive Transitivitätsregel, die du programmiert hast, kann man auch schreiben als:

Zusammenhang	Beispiel
A → B	Panda → Säugetier
B → C	Säugetier → Tier
A → C	Panda → Tier

Das heißt: Wenn gilt, dass ein A ein B ist (ein Panda ein Säugetier ist), und wenn gilt, dass ein B ein C ist (ein Säugetier ein Tier ist), dann folgt daraus logisch, dass ein A ein C ist (ein Panda ein Tier ist).

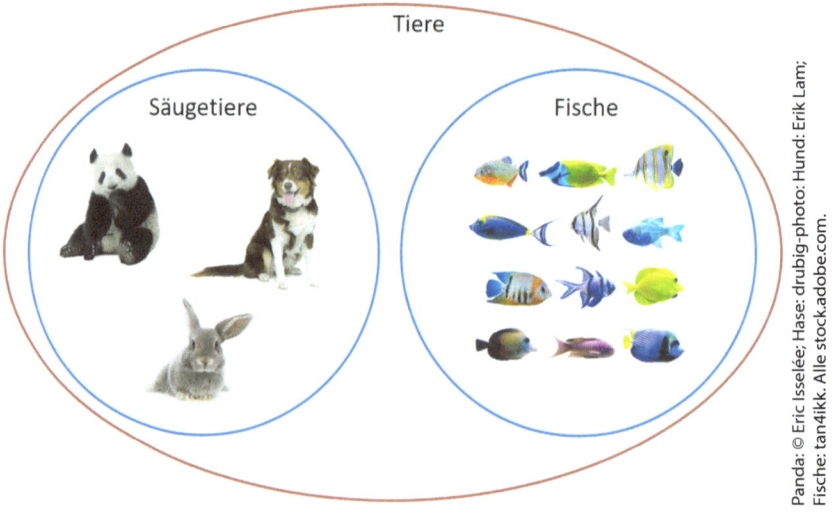

Panda: © Eric Isselée; Hase: drubig-photo; Hund: Erik Lam; Fische: tan4ikk. Alle stock.adobe.com.

Die logische Schlussregel (Deduktion) ist immer bei Aussagen möglich, die diesem Muster folgen:

» Peter ist größer als Maria und Maria ist größer als Fritz, also ist Peter größer als Fritz.

» Paris liegt in Frankreich und Frankreich liegt in Europa, also liegt Paris in Europa.

» Alle Radfahrer sind umweltbewusst und alle Umweltbewussten kaufen in Bioläden, also kaufen alle Radfahrer in Bioläden.

Der letzte Schluss ist doch ein bisschen merkwürdig. Wir jedenfalls kennen mindestens einen Radfahrer, der nicht im Bioladen einkauft. Ist die Logik doch nicht so logisch? Doch, schon, aber nur dann, wenn die einzelnen Behauptungen, die man verwendet, wahr sind! Sind wirklich alle Radfahrer umweltbewusst? Die logische Schlussregel sagt nur, wie wir Aussagen korrekt verknüpfen können, aber nichts darüber, ob die Aussagen selber wahr sind.

Viele unserer Denkprozesse folgen deduktiven Mustern. Eines der ersten großen Ziele der Künstlichen Intelligenz in den 1960er-Jahren war deshalb, Programme zu entwickeln, die logisch denken können.

Abduktives Denken

Wir Menschen nutzen noch andere Arten des Denkens. Wenn du zum Arzt gehst, weil du starken Husten hast, denkt der Arzt vielleicht so:

» Ich habe im Studium gelernt, dass Bronchitis sich so auswirkt, dass man viel hustet.

» Der Patient hustet.

» Also diagnostiziere ich Bronchitis.

So eine Schlussregel heißt *Abduktion* – auch ein lateinisches Fachwort. Diese Schlussregel ist nicht im strengen Sinne logisch. Der Arzt kann nämlich falsch liegen. Der Husten könnte auch eine andere Ursache haben. Vielleicht hat sich die Person ja einfach nur verschluckt.

Sherlock Holmes und Dr. Watson

Kennst du den berühmten Detektiv aus London, Sherlock Holmes, der mit seinem Mitarbeiter Dr. Watson die kniffeligsten Fälle löst? Dieser berühmte Detektiv behauptet in seinen Abenteuern oft, er würde deduktiv schließen. Meistens schließt er aber abduktiv: »Wer rennt, hinterlässt nur halbe Fußabdrücke. Hier sind halbe Fußabdrücke. Also ist hier jemand gerannt.« Das kann sein, es kann aber auch einen anderen Grund haben, zum Beispiel, dass jemand auf Zehenspitzen gelaufen ist.

Es gibt auch Künstliche-Intelligenz-Systeme, die die abduktive Art des Denkens nachbilden. Das sind Diagnosesysteme.

Ein ganz altes System, das sehr bekannt ist, heißt *Mycin*. Das ist ein System, das wie ein guter Arzt ansteckende Krankheiten mit hoher Trefferquote richtig erkennt.

Induktives Denken

Noch eine andere Art zu denken, ist die *Induktion* (ja, wieder ein lateinischer Fachbegriff). Das funktioniert so:

- » Ich habe im Urlaub einen Schwan gesehen, der war weiß.
- » Vorgestern habe ich auf dem Stadtteich einen Schwan gesehen, der war auch weiß.

» Und jetzt sehe ich einen Schwan am Flussufer und der ist auch weiß.

» Also nehme ich mal an, dass alle Schwäne weiß sind.

Auch die Induktion ist kein logischer Schluss. Wir haben aus einer kleinen Menge von Beobachtungen auf eine allgemeine Regel geschlossen. Aber irgendwann werden wir auf einen schwarzen Schwan treffen! Eine induktive Schlussfolgerung kann also auch falsch sein.

Illustration: © Erik Lam – stock.adobe.com

Mit Induktion werden wir uns im nächsten Kapitel genauer beschäftigen. Das ist nämlich eines der wichtigsten Prinzipien, nach denen Lernen funktioniert.

Denken mit Wahrscheinlichkeiten

Logisches Denken ist immer ein »ganz oder gar nicht«: Entweder es gilt, dass ein Panda ein Tier ist, oder es gilt eben nicht. Aber unser Denken und Schlussfolgern beruht nicht immer nur auf »harten Fakten«. Der Wetterbericht zum Beispiel sagt nicht, dass es morgen ganz sicher regnet oder ganz sicher nicht. Ob es morgen regnen wird, ist mehr oder weniger wahrscheinlich.

Zu spät oder krank?

Du denkst, ohne es zu merken, oft mit Wahrscheinlichkeiten. Wenn beispielsweise eine Klassenkameradin, die sehr zuverlässig ist, um 08:05 Uhr noch nicht im Klassenzimmer ist, nimmst du an, dass sie krank ist und nicht mehr kommt. Wenn aber eine eher chaotische Klassenkameradin noch nicht da ist, nimmst du eher an, dass sie zu spät kommt.

Es gibt Künstliche-Intelligenz-Programme, die das menschliche Schließen mit Wahrscheinlichkeiten – mit unsicherem Wissen – nachbauen. Zum Beispiel kann man Wissen in Bayes'schen Netzen (benannt nach dem Mathematiker Thomas Bayes) abbilden.

Ein Bayes'sches Netz funktioniert so ähnlich wie ein semantisches Netz. Aber hier werden Knoten und Kanten mit Wahrscheinlichkeiten versehen. So könntest du dir zum Beispiel nur zu 80 % sicher sein, dass das Tier, das du da siehst, ein Panda ist. Außerdem glaubst du nur zu 60 %, dass ein Panda ein Säugetier ist und so weiter. Schlussfolgern in einem solchen Netz heißt, dass man die Wahrscheinlichkeiten auf eine bestimmte Weise verrechnet. So könnte am Ende rauskommen, dass das Künstliche-Intelligenz-System sich zu 70 % sicher ist, dass ein Panda ein Tier ist.

Das klingt jetzt etwas merkwürdig, weil wir uns mit so großen Tieren gut auskennen. Aber stell dir ein semantisches Netz für Pilze vor: Da kann es schon mal vorkommen, dass man sich nicht sicher ist, ob ein Pilz giftig ist oder nicht.

Kapitel 2
Lernen

Lernt ein Computer genau wie wir Menschen? In diesem Kapitel wollen wir uns anschauen, wie ein Computer lernt und was er dabei anders macht als wir Menschen.

Warum Lernen so wichtig ist

Wir Menschen können in fast allen Gebieten der Erde leben. Weil wir Häuser bauen können und Heizungen entwickelt haben, kommen wir zum Beispiel auch in kalten Gegenden klar. Wie man Häuser oder Heizungen baut, hat die Menschheit über lange Zeit gelernt und den aktuellen Wissensstand immer an die nächste Generation weitergegeben, die die Techniken dann immer weiterentwickelt hat. Ein Auszubildender im Heizungsbau lernt, wie man Heizungen montiert und repariert, von seinem Chef oder seiner Chefin. Das wiederum kann er aber nur lernen, weil er schon ganz viele andere Dinge wie Greifen oder Lesen gelernt hat.

Wie lernen wir Menschen?

Wir Menschen lernen ein Leben lang. Und das funktioniert, ohne dass wir uns groß Gedanken machen müssen. Oder hast du als Kleinkind einen Kurs belegt »Laufen lernen für Anfänger«? Höchstwahrscheinlich nicht.

Für das Lernen ist vor allem unser Gehirn zuständig. In deinem Gehirn befinden sich Millionen von Neuronen. Diese können mithilfe von Synapsen, die chemische oder elektrische Signale weitersenden, miteinander kommunizieren.

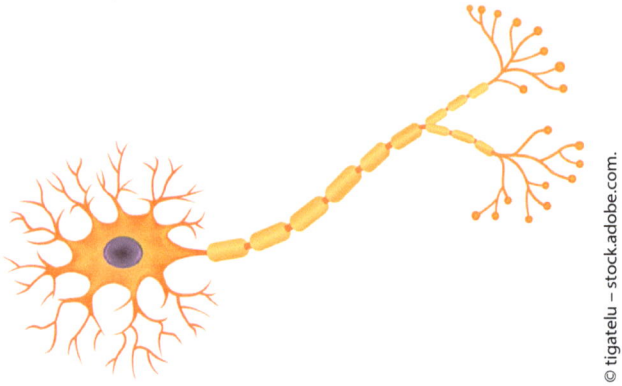

© tigatelu – stock.adobe.com.

Mit jedem Erlebnis, das wir haben, werden bestimmte Synapsen aktiviert und bestimmte Verbindungen gefestigt. Das Ganze ist ziemlich kompliziert. Deswegen forschen viele Wissenschaftler und Wissenschaftlerinnen daran, um zu verstehen, wie genau das funktioniert. Neurowissenschaftler untersuchen Lernprozesse im Gehirn. Wenn man aber die vielen verschiedenen Arten wie Menschen lernen besser verstehen will, sieht man auf der Ebene von Synapsen und Neuronen den Wald vor lauter Bäumen nicht mehr. Entsprechend schauen sich Kognitionswissenschaftler das Lernen auf einer abstrakteren Ebene an – dem menschlichen Geist (auf Englisch *mind*). Hier wird zum Beispiel untersucht, wie Menschen aus Beispielen Konzepte lernen. Schon als kleine Kinder haben wir gelernt, Hunde zu erkennen und von anderen Tieren zu unterscheiden.

Wie kann ein Computer lernen?

Wir lernen viele Dinge aus Erfahrung und speichern sie in unserem Gehirn. Ein Computer hat aber kein Gehirn wie wir Menschen. Wie kann dann ein Computer etwas lernen? Das wollen wir dir jetzt zeigen.

Stell dir vor, dass vor dir eine Reihe von Paketen steht. Alle Pakete sind schön eingepackt, aber nicht alle enthalten ein Geschenk.

Du weißt schon, dass man den Paketen ansehen kann, ob sie ein Geschenk enthalten, aber du weißt noch nicht, worauf du achten musst. Du kannst aber lernen, wie ein Paket aussehen muss, das ein Geschenk enthält.

Weil wir in diesem Buch die Pakete nur auf einem Bild zeigen können und du die Geschenke auf den Bildern nicht öffnen kannst, helfen wir dir ein bisschen und geben dir einen Röntgenblick, mit dem du siehst, was in den Paketen ist. Schau dir die fünf Pakete an und versuche herauszufinden, welche Merkmale ein Paket hat, das ein Geschenk enthält.

Teddy: © Co-Design; Buch: Vectorvstocker. Alle stock.adobe.com.

So, und nun ohne Röntgenblick. Überleg doch mal, in welchem dieser vier Pakete ein Geschenk enthalten sein könnte. Die richtige Antwort findest du am Ende dieses Kapitels.

Vielleicht tippst du auf das kleine dunkle Paket und auf das größte Paket?

Dein Gehirn versucht, aus den Paketen, die du mit Röntgenblick betrachtet hast, eine Regel für »enthält Geschenk« aufzustellen. Man sagt auch, dein Gehirn versucht zu verallgemeinern.

Aufgrund der aufgestellten Regel hast du bei jedem neuen Paket eine Vermutung, ob es ein Geschenk enthält oder nicht. Allerdings kann deine Vermutung falsch sein. Wenn man sagt, dass Computer oder Roboter lernen, meint man damit auch, dass ein Computerprogramm aufgrund von Beispielen verallgemeinert.

Stell dir vor, du hättest einen kleinen Roboter, der lernen kann, in welchen Paketen sich ein Geschenk befindet, und dir dann genau diese Pakete bringt (das wäre doch klasse, nicht wahr?). Damit der Roboter das lernen kann, muss er zunächst einmal die Pakete wahrnehmen können. Für die meisten Menschen ist das ziemlich einfach, sie sehen die Pakete. Dein Roboter, beziehungsweise das Computerprogramm, das wir schreiben wollen, hat aber keine Augen.

Wir müssen die Pakete deshalb für den Roboter mit ihren Eigenschaften beschreiben. Dein Roboter kann nur zwei Eigenschaften der Pakete wahrnehmen: ihre Helligkeit und ihre Größe. Die Helligkeit geben wir in fünf Stufen an: »sehr dunkel«, »dunkel«, »mittel«, »hell« und »sehr hell«. Auch die Größe geben wir in fünf Stufen an, von »sehr klein« bis »sehr groß«.

Unser Roboter hat keinen Röntgenblick. Daher weiß er nicht, in welchem Paket ein Geschenk ist. Wir teilen es ihm daher einfach mit. In der Tabelle siehst du, wie der Roboter die fünf Pakete vom Anfang wahrnehmen würde.

Paket	Helligkeit	Größe	Geschenk
Paket 1	hell	mittel	Nein
Paket 2	sehr dunkel	klein	Ja
Paket 3	dunkel	sehr klein	Nein
Paket 4	hell	groß	Ja
Paket 5	mittel	klein	Nein

Wie du siehst, ist keines der Pakete »sehr hell« oder »sehr groß«.

Geschenke, Katzen und andere Konzepte

Wenn du und der kleine Roboter gelernt habt, wie Pakete aussehen, die ein Geschenk enthalten, habt ihr ein sogenanntes *Konzept* erworben. Konzepte helfen uns, die Dinge um uns herum zu sortieren und zu gruppieren. Wir fassen gleichartige Dinge mit einem Begriff zusammen – Geschenk, Katze, Zahl sind Beispiele für Konzepte.

Stell dir vor, wir Menschen könnten keine Konzepte lernen. Dann wäre jedes Ding, dem wir begegnen, immer wieder etwas völlig Neues. Wenn wir aber ein Ding einem uns schon bekannten – schon gelernten – Konzept zuordnen können, dann können wir alles, was wir darüber wissen, übertragen und ausnutzen. Wenn wir eine Katze treffen, dann erwarten wir, dass sie schnurren kann, aber auch, dass sie die Krallen ausfahren und kratzen kann.

Nun wollen wir zwei Möglichkeiten anschauen, wie ein Computer aus Beispielen lernen kann. Wieder sind Algorithmen zentral. In Kapitel 1 waren das Algorithmen zum Schlussfolgern, jetzt geht es um Lernalgorithmen.

Lernen mit Perzeptron

Einer der ältesten Lernalgorithmen für den Computer ist das sogenannte *Perzeptron* (Englisch *perception* für »Wahrnehmung«). Ein Perzeptron ist ein Modell für ein künstliches Neuron. Wir können damit eine Entscheidungsregel aufstellen, ob ein Objekt zu einem bestimmten Konzept gehört oder nicht – in unserem Fall, ob ein Paket ein Geschenk enthält oder nicht.

Die Frage beantwortet das Perzeptron folgendermaßen: Es erhält Informationen über die Eigenschaften des Objekts, in unserem Fall über die Helligkeit und die Größe des Pakets. Jeder Eigenschaft weist das Perzeptron eine Wichtigkeit zu. Wenn die Informationen insgesamt wichtig genug sind, antwortet das Perzeptron mit »Ja, das Objekt gehört zum Konzept«, ansonsten mit »Nein, das Objekt gehört nicht zum Konzept«. Wir haben das Ganze noch mal in einer Grafik aufgezeichnet, damit du es dir besser vorstellen kannst.

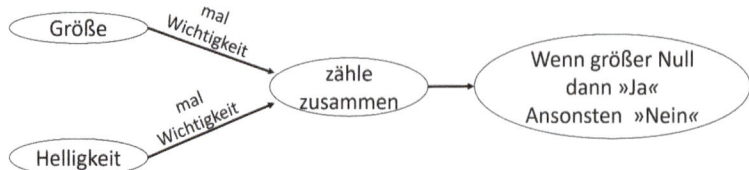

 *Falls du schon etwas über Neuronen weißt, kannst du dir ein Perzeptron so vorstellen: Helligkeit und Größe kommen als Information an und werden in das Neuron geleitet. Die Synapsen können die Information verstärken oder abschwächen. Die Stärke des ausgesendeten Signals gibt an, wie wichtig eine Information ist.*

Beim Perzeptron sprechen wir nicht von Synapsen, sondern von Verbindungen. Jeder Verbindung ist ein Gewicht zugeordnet, das wir in der Grafik als Wichtigkeit bezeichnet haben. Lernen beim Perzeptron passiert genau dadurch, dass die Gewichte verändert werden.

Als Erstes müssen wir also dem Perzeptron mitteilen, welche Helligkeit und welche Größe das Paket hat. Das Perzeptron kann mit den Namen der Eigenschaftswerte (zum Beispiel »sehr dunkel« oder »groß«) nichts anfangen. Wir müssen dem Perzeptron Zahlen geben. Wir verwenden für beide Eigenschaften die Zahlen von 1 bis 5. Bei der Helligkeit steht 1 für »sehr dunkel«, 2 für »dunkel«, 3 für »mittel«, 4 für »hell« und 5 für »sehr hell«. Bei der Größe steht eine größere Zahl für ein größeres Paket, also beispielsweise 2 für »klein« und 5 für »sehr groß«. Wir haben die Tabelle von vorhin mal angepasst:

Paket	Helligkeit	Größe	Geschenk
Paket 1	4	3	Nein
Paket 2	1	2	Ja
Paket 3	2	1	Nein
Paket 4	4	4	Ja
Paket 5	3	2	Nein

 Wenn man ein Perzeptron programmieren möchte, muss man eine Paketliste erstellen, welche die Infos enthält, die du hier in der Tabelle siehst. Wie das mit Python funktioniert, zeigen wir dir im Abschnitt »Lernen« in Kapitel 8.

Das Perzeptron lernt aus Fehlern

Die fünf Päckchen, von denen wir schon wissen, ob ein Geschenk darin enthalten ist oder nicht, sind die sogenannten Trainingsbeispiele für das Perzeptron. Wenn es mit dem Lernen losgeht, weiß das Perzeptron noch nicht, auf welche Eigenschaften es ankommt, um zu entscheiden, ob ein Geschenk im Päckchen ist oder nicht. Wir geben zunächst anfängliche Wichtigkeiten vor, die das Perzeptron dann im Laufe der Zeit anpassen wird. Der Roboter soll damit starten, dass er beide Eigenschaften ein bisschen wichtig findet. Wir setzen beide Wichtigkeiten auf 1.

Nehmen wir mal an, unser Roboter schaut sich gerade das erste Paket an. Das Perzeptron muss nun eine Aussage machen: Enthält das Paket ein Geschenk oder nicht? Rechnen wir erst mal die Gesamtwichtigkeit aus!

Wir haben dem Perzeptron die Informationen über die Helligkeit und die Größe in Form von Zahlen gegeben. Wenn wir diese nun nach ihrer Wichtigkeit gewichten wollen, können wir das mathematisch tun, indem wir die Werte der Informationen mit ihren Gewichten multiplizieren.

Das erste Paket hat eine Helligkeit von 4 (»hell«) und eine Größe von 3 (»mittel«). Mit den anfänglichen Wichtigkeiten ergeben sich nun die Werte 4 * 1 = 4 für Helligkeit und 3 * 1 = 3 für Größe. Um die Gesamtwichtigkeit der Informationen zu erhalten, zählen wir die beiden Werte zusammen: 4 + 3 = 7. Damit du dir das besser vorstellen kannst, haben wir dir das noch mal in einer Grafik aufgezeichnet.

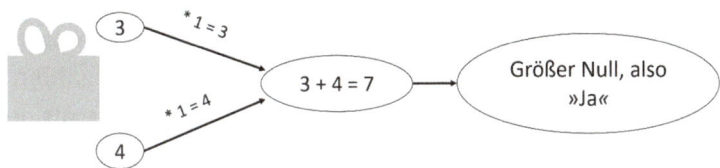

Allgemein ist die Berechnungsvorschrift für die Gesamtwichtigkeit:

```
wert1 = helligkeit * wichtigkeit_helligkeit
wert2 = groesse * wichtigkeit_groesse
gesamtwichtigkeit = wert1 + wert2
```

So weit, so gut. Nun fehlt uns nur noch die Entscheidung des Perzeptrons, also ob es denkt, dass ein Geschenk im Paket ist oder nicht.

Wir möchten, dass das Perzeptron bei einer Gesamtwichtigkeit, die größer oder gleich 0 ist, davon ausgeht, dass das Objekt zum Konzept gehört, dass das Paket also ein Geschenk enthält. Bei einer Gesamtwichtigkeit kleiner 0 soll es davon ausgehen, dass das Objekt nicht zum Konzept gehört.

Die Gesamtwichtigkeit für das erste Paket ist 7. 7 ist größer als 0. Das Perzeptron entscheidet also: »Ja, das Paket enthält ein Geschenk.«

Allgemein gilt die Regel:

```
WENN gesamtwichtigkeit >= 0
  DANN geschenk_erwartet = "ja"
SONST geschenk_erwartet = "nein",
```

Das Perzeptron vermutet also, dass ein Geschenk im Paket ist. Du weißt aber dank deines Röntgenblicks, dass kein Geschenk im Paket ist. Das Perzeptron hat sich also geirrt. Klar, es konnte ja auch nur raten, da es bisher nicht gelernt hat.

Wie kam es zu dem Irrtum? Das Perzeptron hat erwartet, dass sich im Paket ein Geschenk befindet, weil die Gesamtwichtigkeit größer oder gleich Null war. Die Gesamtwichtigkeit ist also zu hoch, da sich im Paket ja kein Geschenk befindet. Die Gesamtwichtigkeit hat das Perzeptron aus den Werten der Eigenschaften und aus ihren Wichtigkeiten berechnet. Die Werte der Eigenschaften kann das Perzeptron nicht ändern. Um aus seinem Fehler zu lernen, muss das Perzeptron also seine Wichtigkeiten kleiner machen. Hierzu ziehen wir von den Wichtigkeiten die Eigenschaftswerte ab und setzen diese als neue Wichtigkeiten:

```
wichtigkeit_helligkeit = wichtigkeit_helligkeit - helligkeit
wichtigkeit_groesse = wichtigkeit_groesse - groesse
```

Genau das Gegenteil ist auch möglich: Das Perzeptron erwartet kein Geschenk, aber eines ist vorhanden. Dann war die Gesamtwichtigkeit kleiner als Null, hätte aber größer (oder gleich) Null sein müssen. Um aus diesem Fehler zu lernen, muss das Perzeptron also seine Wichtigkeiten erhöhen. Hierzu zählen wir die Eigenschaftswerte zu den Wichtigkeiten hinzu und setzen diese als neue Wichtigkeiten:

```
wichtigkeit_helligkeit = wichtigkeit_helligkeit + helligkeit
wichtigkeit_groesse = wichtigkeit_groesse + groesse
```

Das Perzeptron lernt also, indem es die Wichtigkeiten der Eigenschaften anpasst. Wenn das Perzeptron mit seiner Erwartung recht hat, braucht es seine Gewichte nicht zu ändern.

Du weißt jetzt also, wie das Perzeptron für ein einzelnes Paket zu einer Entscheidung kommt und wie es aus seinen Fehlern lernen kann. Wie aber schaut der ganze Ablauf aus?

Das Perzeptron schaut sich der Reihe nach jedes der fünf Pakete an und rät, ob ein Geschenk drin ist oder nicht. Wenn es falsch geraten hat, ändert es die

Wichtigkeiten für Helligkeit und Größe. Sobald die Wichtigkeiten so eingestellt sind, dass das Perzeptron bei allen Paketen richtig liegt, kann das Perzeptron mit Lernen aufhören.

Idealerweise schaut das Perzeptron so lange immer wieder alle Pakete an, bis in einem Durchlauf die Wichtigkeiten nicht mehr geändert wurden. Das ist gleichbedeutend damit, dass das Perzeptron bei allen Paketen richtig lag. Wenn wir das genau so umsetzen, kann es aber sein, dass unser Perzeptron sehr lange lernt – je nachdem, wie kompliziert das Paket-Problem ist. Deshalb kann man festlegen, wie oft sich das Perzeptron die Trainingsdaten anschaut und die Gewichte verändert – zum Beispiel kann es das maximal fünfmal tun und hat dann entweder eine Regel gelernt, die für alle fünf Päckchen korrekt entscheidet, oder es gibt auf.

Wenn du den beschriebenen Perzeptron-Algorithmus Schritt für Schritt durchgehst, landest du am Ende bei Wichtigkeitswerten von -1 für Helligkeit und +1 für Größe.

Wenn du in der Schule schon Graphen und Koordinatensysteme kennengelernt hast (für gewöhnlich kommt das in der 8. Klasse dran), kannst du dir Folgendes vielleicht vorstellen: Auf der x-Achse trägst du das erste Merkmal ein, auf der y-Achse das zweite Merkmal. Alle Pakete kannst du also als Punkte einzeichnen.

Das Perzeptron mit seinen Gewichten ist dann eine Gerade. Die Gewichte müssen so gewählt werden, dass die Gerade die leeren Pakete von den Geschenkpaketen trennt.

Testen des Perzeptrons

Jetzt kann das Perzeptron für alle fünf Päckchen korrekt entscheiden, ob ein Geschenk drin ist oder nicht. Aber wir lernen ja, um das Gelernte auf neue Dinge anzuwenden. Es wäre ja nicht sehr hilfreich, wenn wir zum Beispiel nur die Katzen, von denen uns jemand gesagt hat, dass das Katzen sind, korrekt als solche erkennen und bei neuen Tieren, denen wir begegnen Fehler machen und zum Beispiel einen Hund als Katze identifizieren würden.

Jetzt wollen wir mal sehen, ob unser kleiner Roboter mit dem Perzeptron-Algorithmus gelernt hat, in welcher Art von Paketen sich Geschenke befinden. Funktionieren die gelernten Wichtigkeitswerte auch für neue Päckchen korrekt?

Dazu geben wir unserem Programm die vier Pakete, für die du selbst auch schon geraten hast, ob sie ein Geschenk enthalten oder nicht. Diese

Testpakete beschreiben wir für das Perzeptron und fragen es dann, was es für die Pakete erwartet.

Testpaket	Helligkeit	Größe	Geschenk
Testpaket 1	5	3	Nein
Testpaket 2	1	4	Ja
Testpaket 3	4	1	Nein
Testpaket 4	1	3	Ja

Jetzt erhält das Perzeptron also Pakete, die aus anderen Kombinationen von Größe und Helligkeit bestehen als die, mit denen es gelernt hat. Wir sind gespannt, was es bei dem sehr hellen und großen Paket (Testpaket 2) vermutet. Ob es dasselbe denkt wie du vorher?

Die Werte für die Testpakete sind natürlich andere als die von den Lernpaketen. Beachte bitte auch, dass wir dem Perzeptron nicht mehr sagen, ob in den Paketen ein Geschenk ist oder nicht. Das Perzeptron soll ja jetzt auch nicht mehr lernen, sondern zeigen, was es kann.

Nehmen wir mal das erste Testpaket: Da rechnen wir also 5 * −1 + 3 * 1. Das ist −2, also kleiner 0 und der Roboter entscheidet, dass kein Geschenk im Päckchen ist. Das stimmt! Kontrolliere nun selber, ob das auch mit den anderen drei neuen Päckchen korrekt funktioniert.

Schwierigere Paketprobleme

Bislang haben wir Pakete mit zwei Merkmalen (Größe und Helligkeit) betrachtet. Es gibt aber natürlich jede Menge Probleme, bei denen mehr Merkmale eine Rolle spielen.

Nehmen wir mal an, unsere Pakete sind nicht nur unterschiedlich groß und unterschiedlich hell, sondern tragen auch einen ==Smiley, bei dem der Mund verschieden gebogen ist.==

Teddy: © Co-Design; Buch: Vectorvstocker. Alle stock.adobe.com.

Auch das funktioniert mit einem Perzeptron: Der Roboter muss den Smiley wahrnehmen können und das Perzeptron braucht eine weitere Wichtigkeit. Für das Perzeptron beschreiben wir die Smileys in drei Stufen: »traurig«, »neutral« und »fröhlich«.

Paket	Helligkeit	Größe	Smiley	Geschenk
Paket 1	hell	Mittel	traurig	Nein
Paket 2	sehr dunkel	Klein	fröhlich	Ja
Paket 3	dunkel	sehr klein	neutral	Nein
Paket 4	hell	Groß	fröhlich	Ja
Paket 5	mittel	Klein	fröhlich	Nein

Auch bei den Smileys kann das Perzeptron mit den Namen der Eigenschaftswerte nichts anfangen. Wir verwenden die Zahlen 1 (»traurig«), 2 (»neutral«) und 3 (»fröhlich«) für die Smileys.

Paket	Helligkeit	Größe	Smiley	Geschenk
Paket 1	4	3	1	Nein
Paket 2	1	2	3	Ja
Paket 3	2	1	2	Nein
Paket 4	4	4	3	Ja
Paket 5	3	2	3	Nein

Auch bei drei Merkmalen kann man das Perzeptron in einem Koordinatensystem darstellen. Bei zwei Merkmalen haben die Wichtigkeiten eine Gerade definiert. Bei drei Merkmalen kann jedes Geschenk immer noch als Punkt dargestellt werden, jetzt aber im dreidimensionalen Raum. Statt durch eine Gerade werden die Pakete mit oder ohne Geschenk durch eine Ebene voneinander getrennt.

Bei mehr als drei Merkmalen können wir uns den Raum nicht mehr so gut vorstellen, aber das Prinzip für das Lernen bleibt das gleiche. Das Perzeptron bildet dann eine sogenannte Hyperebene.

Auch für schwerere Paketprobleme zeigen wir dir in Kapitel 8 Schritt für Schritt den passenden Code.

Vom Perzeptron zum neuronalen Netz

Mit einem Perzeptron können einfache Konzepte, wie unser Päckchen-Beispiel gelernt werden. Aber so ein einzelnes künstliches Neuron ist zu wenig, um die vielen komplizierten Konzepte zu lernen, denen wir im Alltag begegnen. Um kompliziertere Konzepte lernen zu können, kann man ein künstliches neuronales Netz bauen, das aus vielen Perzeptronen besteht. Man spricht von einem ==Multi-Layer-Perzeptron== (Mehr-Ebenen-Perzeptron).

Viele Perzeptronen ergeben zusammen ein künstliches neuronales Netz.

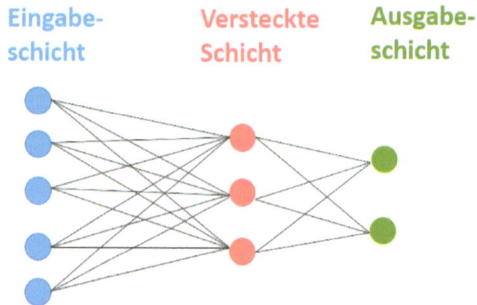

Die Eingabe funktioniert wie beim Perzeptron: Jede Eingabe wird über eine Liste von Zahlenwerten eingegeben, die für bestimmte Merkmale stehen. Man spricht von den Eingabeneuronen. Danach folgt eine ganze Reihe von Perzeptronen. Üblicherweise ist die Zahl dieser künstlichen Neuronen kleiner als die Zahl der Eingabeneuronen. Man spricht hier von einem *hidden layer* (einer versteckten Ebene). Jedes Eingabeneuron ist mit jedem Neuron des hidden layer durch eine Kante verbunden. Wie wir das schon vom Perzeptron kennen, hat jede Kante einen Wichtigkeitswert, der durch Lernen verändert wird. Danach kann man noch eine oder mehrere weitere versteckte Schichten einfügen. Für viele Probleme reichen ein bis zwei solche versteckten Schichten.

Als Letztes folgt die Ausgabeschicht (*output layer*). Beim Perzeptron gab es nur eine Ausgabe und wir haben geprüft, ob der Wert größer oder gleich Null ist oder nicht. Beim künstlichen neuronalen Netz verwenden wir pro Ausgabemöglichkeit ein eigenes Neuron. Für das Päckchen-Problem sind das zwei Ausgabeneuronen – eines für den Fall, dass ein Geschenk vorhanden ist, und eines für den Fall, dass kein Geschenk vorhanden ist. Das Ausgabeneuron, das den höchsten Wert hat, zeigt an, wie sich das neuronale Netz entscheidet. Die Neuronen des hidden layer sind durch Kanten mit den Output-Neuronen verbunden. Diese Kanten haben ebenfalls Wichtigkeitswerte, die durch Lernen verändert werden. Die Fachbezeichnung heißt Gewichte.

Um für eine Eingabe zu ermitteln, was die Ausgabe ist, werden wieder die Eingabewerte mit den Gewichten multipliziert und die Produkte werden in jedem der künstlichen Neurone aufsummiert. Die Information fließt vorwärts durchs Netz von den Eingabewerten über die versteckten Neurone bis zu den Ausgabeneuronen. Man spricht hier auch von Feedforward-Netzen.

Beim Perzeptron war die Regel, nach der wir die Gewichte ändern, ganz einfach: Ist die berechnete Ausgabe größer gleich Null (Geschenk), sollte aber kleiner Null sein (kein Geschenk), wurden die Gewichte erniedrigt, indem die Werte der Eingabe subtrahiert wurden. Im umgekehrten Fall wurden die Gewichte durch Addition der Werte der Eingabe erhöht. Beim künstlichen neuronalen Netz müssen nun viel mehr Gewichte verändert werden und das über mehrere Schichten hinweg. Wie beim Perzeptron vergleicht man die Werte der berechneten Ausgabe mit der bei den Trainingsbeispielen vorgegebenen korrekten Ausgabe. Jetzt ist das aber nicht mehr nur ein Wert, sondern so viele, wie es Ausgabeneuronen gibt. Die Unterschiede zwischen berechneter und korrekter Ausgabe werden genutzt, um die Werte der Gewichte zu ändern. Das geschieht nun mit einem komplexeren mathematischen Verfahren, bei dem die Änderungen der Gewichte von der Ausgabeschicht rückwärts durch das Netz veranlasst werden. Der Fachbegriff heißt *Backpropagation* (Rückpropagierung). Wieder gilt, dass die Trainingsbeispiele dem neuronalen Netz in mehreren Durchgängen präsentiert werden. Nun wird nicht mehr erwartet, dass alle Beispiele vollständig korrekt behandelt werden. Es genügt, wenn die Unterschiede zwischen den Werten an den Ausgabeneuronen und den gewünschten Werten möglichst gering sind.

Hat man die Gewichte im neuronalen Netz gut eingestellt, so spricht man auch davon, dass man ein Modell gelernt hat. Der Begriff *Modell* bezeichnet hier ein mathematisches Modell, das aus der Struktur des neuronalen Netzes zusammen mit den Gewichten besteht.

Das mathematische Verfahren, das zum Verändern der Gewichte in einem neuronalen Netz genutzt wird, heißt Gradientenabstiegsverfahren. *Es basiert darauf, dass die Unterschiede zwischen den berechneten Ausgabewerten und den gewünschten Werten in eine Fehlerfunktion gepackt werden und man dann nach den Gewichten ableitet. Ableitungen von Funktionen lernst du in der Schule in der 10. Klasse.*

Vom neuronalen Netz zum tiefen Lernen

Der Perzeptron-Algorithmus wurde schon im Jahr 1957 vorgestellt. Neuronale Netze gibt es bereits seit den 1980er-Jahren. Etwa seit 2010 begann die

Entwicklung sogenannter tiefer neuronaler Netze, auch tiefes Lernen (*deep learning*) genannt. Neuronale Netze, wie wir sie oben eingeführt haben, benötigen Eingaben in Form einer Reihe von Zahlenwerten. Das funktioniert vor allem dann gut, wenn die Daten in Form von Tabellen vorliegen. Solche Daten gibt es in vielen Bereichen, zum Beispiel können Informationen über Patienten in Tabellen vorliegen. Dort können Merkmale wie Alter, Geschlecht, Vorerkrankungen und verschriebene Medikamente gespeichert werden. Will man aber aus Bildern lernen, funktioniert das nicht so gut. Im Päckchen-Beispiel haben wir für jedes Päckchen Informationen über Größe und Helligkeit in eine Tabelle eingetragen. Wir Menschen können diese Information direkt aus den Bildern der Päckchen entnehmen. Für das neuronale Netz mussten wir diesen Schritt übernehmen.

Tiefe neuronale Netze erlauben es, dass wir aus verschiedenen Daten wie Bilder, Audiodateien, Videos oder Text direkt lernen können, ohne dass vorher durch Menschen wichtige Merkmale definiert werden müssen. Obwohl wir Menschen sehr gut darin sind, aus Bildern zu lernen, tun wir uns oft schwer, genau zu sagen, worauf wir in den Bildern geachtet haben. Schau dir nochmal die Katzenbilder am Anfang des Kapitels an. Würdest du es hinkriegen, alle Merkmale so genau zu beschreiben, dass es damit gelingt, beliebige Katzen korrekt als solche zu identifizieren? Eines der ersten viel beachteten tiefen neuronalen Netze, ein sogenanntes Faltungsnetz (Englisch *convolutional neural network*, kurz CNN) schafft das. Der Trick beim CNN ist, dass diese Art von neuronalem Netz direkt mitlernen kann, auf welche Informationen in den eingegebenen Bildern es achten sollte. Das geschieht, indem man vor das Multi-Layer-Perzeptron eine Reihe anderer Arten von Schichten in das neuronale Netz einbaut. Das sind vor allem sogenannte Faltungsschichten (Englisch *convolutions*). Ein Beispiel für ein CNN ==siehst du in der folgenden Abbildung.==

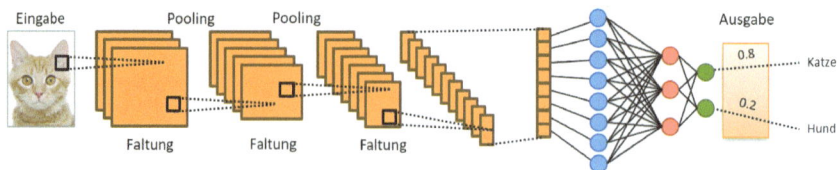

Anstelle einer Liste von Werten kann dort direkt ein Bild eingegeben werden. Digitale Bilder bestehen aus Pixeln, die in zwei Dimensionen angeordnet sind. Kleine Bereiche von Pixeln werden in der Faltungsschicht zu Werten verrechnet. In einer nächsten Schicht (*pooling layer* genannt) wird die Menge an Werten verkleinert. Dabei wird jeweils ein Bereich von Werten der Faltungsschicht zu einem einzigen Wert zusammengefasst. Beispielsweise kann einfach der höchste

Wert aus dem Bereich übernommen werden. Faltungsschichten und Pooling-Schichten wechseln sich ab. Das simuliert die Entstehung immer allgemeinerer Merkmale aus dem Bild. Diese können zum Beispiel für bestimmte Farben, Formen oder Muster stehen. Nach der letzten Pooling-Schicht schreibt man alle Werte der Reihe nach auf – aus zwei Dimensionen wird eine und diese dient nun als Eingabe in ein neuronales Netz, wie wir es oben eingeführt haben.

Lernen heißt wieder, dass Gewichte so lange verändert werden, bis das neuronale Netz möglichst wenig Fehler macht. Für die Faltungs- und Pooling-Schichten werden über die Gewichte diejenigen Verrechnungen mit hohen Gewichten versehen, die dazu beitragen, dass am Ende die richtige Ausgabe über ein Bild gegeben wird.

Bilder werden im Rechner über Pixel dargestellt. Das sind Bildpunkte, die bei Farbbildern aus je drei Werten bestehen. Einem Rotwert (R), einem Grünwert (G) und einem Blauwert (B). Jede Farbe kann Werte zwischen 0 und 255 annehmen. Aus der Kombination von RGB-Werten können also 255*255*255 verschiedene Farben dargestellt werden. Sind die Werte für R, G und B jeweils alle 0, dann entspricht das der Farbe schwarz. Entsprechen die Werte für R, G und B alle 255, dann ist das Pixel weiß. Ein reines Rot wird als 255-0-0 dargestellt und so weiter. Eine zweidimensionale Anordnung von Werten nennt man Matrix. Ein Bild besteht aus drei gleich großen Matrizen, jeweils einer für die R, G und B Werte. Das heißt, die Eingabe in das CNN besteht aus drei Matrizen.

Auswendiglernen vermeiden

Beim Perzeptron haben wir so lange die Gewichte geändert, bis für alle Trainingsbeispiele das korrekte Ergebnis berechnet wurde. Im Allgemeinen wird das beim maschinellen Lernen allerdings vermieden. Wenn wir für eine kleine Menge von Beispielen eine Regel lernen, die diese sehr genau beschreibt, dann ist die Gefahr groß, dass diese Regeln zu spezialisiert sind und wir bei neuen Beispielen mehr Fehler machen. Wir haben beim Perzeptron an vier neuen Päckchen geprüft, wie gut die Gewichte eingestellt wurden. Das machen auch die Profis beim maschinellen Lernen so. Von allen Beispielen, die man hat, behält man einen Teil übrig, der nicht beim Lernen benutzt wird. Das ist die sogenannte *Testmenge*. Macht das gelernte Modell mit den Testdaten wenige Fehler, so geht man davon aus, dass es auch mit weiteren, noch nicht gesehenen Eingaben gut funktioniert.

Lernen aus ganz wenigen Beispielen

Damit ein neuronales Netz gut lernen kann, braucht es viele Trainingsbeispiele. Es gilt: Je mehr Neuronen so ein Netz hat, desto mehr Beispiele braucht es zum Lernen.

Menschen können in manchen Bereichen schon aus sehr wenigen Daten lernen.

Hier ist ein Beispiel aus einem Experiment, das der Kognitionswissenschaftler Josh Tenenbaum durchgeführt hat. Zu sehen sind Bilder, die vielleicht unbekannte Lebewesen im Meer zeigen könnten. Da es diese nicht gibt, haben wir auch keine Worte dafür. Nun sind drei Bilder markiert und wir nennen sie tufa. Welche der anderen Objekte sind auch »tufa«? Welche nicht?

Teste das mal mit verschiedenen Personen. Du wirst feststellen, dass ihr euch alle einig seid. Das ist eine beeindruckende Demonstration, wie gut wir Menschen lernen können, oder? Kein Computer kriegt das so gut hin.

Lernen mit Bäumen

Lernen mit Perzeptron und mit neuronalen Netzen bedeutet, dass Informationen bezüglich ihrer Wichtigkeiten so verrechnet werden, dass der Computer – zumindest meistens – richtig entscheidet und handelt.

Wir Menschen können über die Wichtigkeiten, die wir selbst im Kopf haben, aber nur schlecht sprechen. Man sagt, wir lernen *implizit*, das heißt, ohne dass es uns bewusst ist.

Aber viele Dinge, die wir lernen, sind uns durchaus bewusst. Bei den Geschenkpaketen können wir, nachdem wir mehrere Beispiele gesehen haben, die Vermutung, in welcher Art von Paketen ein Geschenk ist, als Regel formulieren: »Ich glaube, dass in eher dunklen und kleinen sowie in eher hellen und großen Paketen ein Geschenk ist, in den anderen Paketen nicht.«

Solche Regeln kann man mithilfe von sogenannten *Entscheidungsbäumen* darstellen. Und die Regeln kann man wieder aus Beispielen ableiten. Hier funktioniert Lernen nicht implizit mit Zahlen, sondern *explizit*. Explizit bedeutet, dass das Lernen mit Worten beschreibbar ist.

Verschiedene Arten des Lernens

Wir beschäftigen uns in diesem Kapitel mit dem Konzeptlernen. Ohne die Möglichkeit, Konzepte zu erwerben und zu benennen, könnten wir Menschen uns nicht gut in der Welt zurechtfinden. Konzepte helfen uns, ähnliche Dinge zusammenzufassen, Wissen auf andere Dinge desselben Konzepts zu übertragen und uns sprachlich mit anderen Menschen auszutauschen. Maschinelles Lernen ist ganz häufig Konzeptlernen.

Aber es gibt auch andere Arten des Lernens, Auswendiglernen zum Beispiel. Das brauchst du für Vokabeln, Hauptstädte und das kleine Einmaleins. Auswendiglernen ist nicht Bestandteil des maschinellen Lernens – das Abspeichern und Wiederfinden von Daten ist Thema des Bereichs Datenbanken.

Eine weitere Art des Lernens ist das Strategielernen – das hilft dir zum Beispiel, beim Mühlespiel häufiger zu gewinnen (Spiele betrachten wir im nächsten Kapitel). Strategielernen geschieht durch sogenanntes *Reinforcement Learning* (Lernen durch Verstärkung). Der Mensch lernt, in welcher Situation welche Handlung am erfolgversprechendsten ist. Diese Art von Lernen ist auch für die Steuerung von Robotern wichtig.

Der Einfachheit halber betrachten wir auch für das Lernen mit Bäumen wieder unsere Pakete mit den beiden Merkmalen Helligkeit und Größe.

Damit der Entscheidungsbaum nicht zu groß wird, wollen wir die Merkmale etwas gröber betrachten als bisher: Ein Paket ist entweder »sehr dunkel« oder »eher hell«. Wenn ein Paket »groß« oder »sehr groß« ist, ist es »eher groß«, ansonsten ist es »eher klein«. Wir haben das noch mal in einer Tabelle aufgeschrieben:

Paket	Helligkeit	Größe	Geschenk
Paket 1	eher hell	eher klein	Nein
Paket 2	sehr dunkel	eher klein	Ja
Paket 3	eher hell	eher klein	Nein
Paket 4	eher hell	eher groß	Ja
Paket 5	eher hell	eher klein	Nein

Als Nächstes wollen wir nachvollziehen, wie der Entscheidungsbaum-Algorithmus Schritt für Schritt die korrekten Regeln lernt.

Zunächst wissen wir gar nichts über die Pakete, was wir mit * ausdrücken.

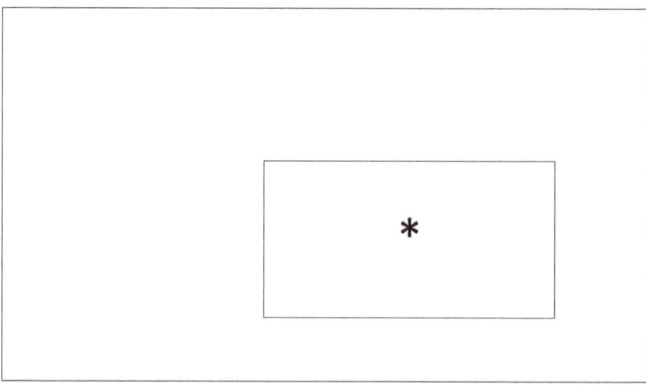

Wir schauen in das erste Paket, das »eher hell« und »eher klein« ist und kein Geschenk enthält. Wir müssen annehmen, dass unsere Pakete keine Geschenke enthalten. Nichtwissen (*) wird durch »Nein« ersetzt.

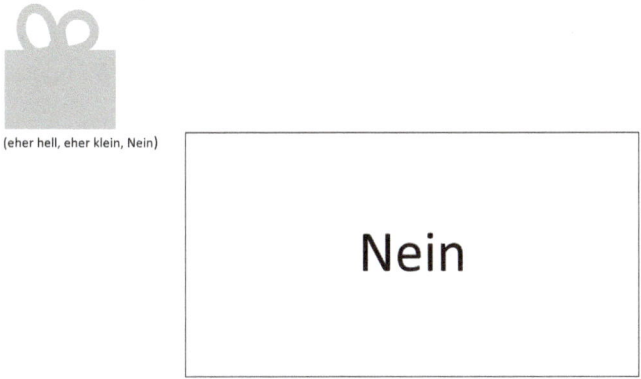

Das nächste Paket ist »sehr dunkel« und »eher klein« – und zu unserer Überraschung und Freude ist ein Geschenk darin! Unsere pessimistische Annahme, dass es keine Geschenke gibt, können wir jetzt ändern.

Anders als beim Perzeptron betrachtet man im Entscheidungsbaum die Merkmale nicht gleichzeitig, sondern nacheinander. Wir nehmen die Helligkeit und lernen diese Regel: »Wenn Helligkeit = sehr dunkel, dann Ja, sonst keine Ahnung (also *)«. Im Entscheidungsbaum steht der Name des Merkmals. Darunter gibt es eine Verzweigung für die beiden Werte.

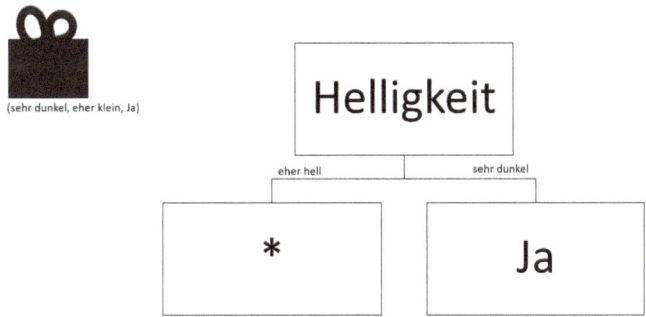

In der Informatik steht die Biologie Kopf: Entscheidungsbäume wachsen von einem obersten Knoten, der Wurzel *genannt wird, verzweigt nach unten. Die Knoten, von denen keine Verzweigung mehr abgeht, nennt man* Blätter.

Die Verbindung von einem Knoten zu einem darunterliegenden heißt auch Kante. *Den Weg von einem Knoten zu einem anderen über eine oder mehrere Kanten nennt man* Pfad.

Der einfache Algorithmus, den wir verwenden, kann immer nur die Information des aktuellen Beispiels nutzen. Die vorher gesehenen Beispiele vergisst er sofort, aber was er daraus gelernt hat, steckt im Baum.

Nun kommt das dritte Paket, ein »eher helles, eher kleines« Paket. Über eher helle Pakete weiß unser Entscheidungsbaum noch nichts. ==Wieder ändern wir unseren Baum==. Da das Paket kein Geschenk enthält, lernen wir, dass eher helle Pakete keine Geschenke enthalten.

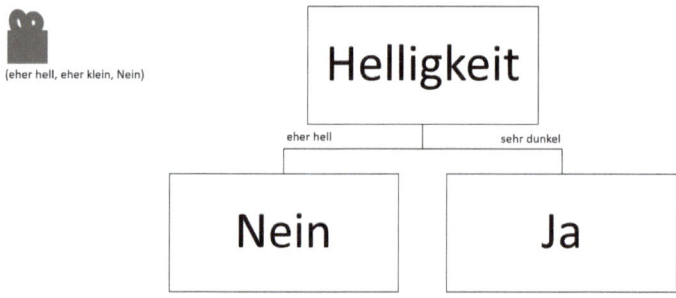

Jetzt haben wir einen schönen Baum, der uns sagt, dass nur sehr dunkle Pakete ein Geschenk enthalten. Schauen wir mal, was beim vierten Paket passiert. Das Paket ist »eher hell«. Wir erwarten also, dass es kein Geschenk enthält. Aber da irrt sich der Entscheidungsbaum, das Paket enthält ein Geschenk. ==Wir brauchen wohl doch auch das zweite Merkmal==: »Wenn Helligkeit = eher hell und Größe = eher groß, dann Ja, sonst keine Ahnung«.

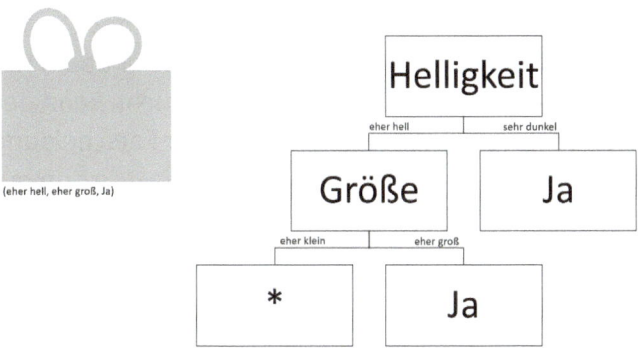

Jetzt haben wir schon einen größeren Baum, wissen aber noch nichts über eher helle, eher kleine Pakete. Hoffentlich bringt uns das letzte Paket Klarheit. Tatsächlich bekommen wir ein »eher helles, eher kleines« Paket. Wir gehen von der Wurzel die Kante für »eher hell« entlang, landen beim Knoten Größe, gehen die Kante für »eher klein« entlang und wissen mal wieder nicht, was Sache ist. Der Pfad von der Wurzel bis zum Blatt hat uns zu einem * geführt. Unser Paket enthält kein Geschenk und wir ersetzen »keine Ahnung« durch »Nein«.

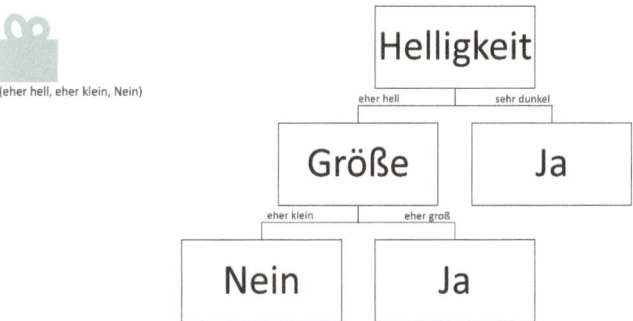

So, jetzt haben wir schon mal einen Baum ganz ohne Sternchen. Jeder Weg im Baum von der Wurzel zu einem Blatt ist eine Wenn-dann-Regel. Der Baum gibt also folgende von uns gelernte Vermutung wieder:

WENN Helligkeit = eher hell UND Größe = eher klein DANN Nein. Das Paket enthält kein Geschenk.

WENN Helligkeit = eher hell UND Größe = eher groß DANN Ja. Das Paket enthält ein Geschenk.

WENN Helligkeit = sehr dunkel DANN Ja. Das Paket enthält ein Geschenk.

Ähnlich wie beim Perzeptron ist der Algorithmus aber noch nicht fertig, wenn alle Beispiele einmal angeschaut wurden. Erst wenn der Baum für alle Pakete richtig schätzt, ob ein Geschenk enthalten ist oder nicht, kann der Algorithmus aufhören zu lernen. In unserem Beispiel hat sich der Entscheidungsbaum aber einmal geirrt. Wir müssen also noch mal durch alle Pakete durchgehen. Zum Glück ändert sich der Baum dabei nicht mehr und wir sind fertig mit Lernen.

Der Lernalgorithmus, den wir verwenden, heißt CAL2. Bekannter sind Entscheidungsbaumverfahren mit den Namen ID3 und C4.5. Diese funktionieren aber nicht wie CAL2 Schritt für Schritt. Stattdessen werden alle Beispiele auf einmal betrachtet.

Wenn alle Merkmale im Baum benutzt sind, kann der Baum nicht mehr wachsen. Falls für ein Paket im Blatt ein Wert steht, der auf ein aktuelles Paket nicht zutrifft, wird der Wert einfach überschrieben. Man spricht hier von einem Lernproblem mit nicht klar trennbaren Klassen. *Das heißt, für bestimmte Kombinationen von Merkmalsausprägungen ist mal ein Geschenk vorhanden, mal nicht.*

Damit man auch für solche Probleme noch gut lernen kann, braucht man dann doch wieder Zahlen. Zum Beispiel um eine Statistik zu führen, welche Klasse für diesen Fall häufiger vorkommt.

Den entsprechenden Code zum Erstellen deines eigenen Entscheidungsbaums findest du in Kapitel 8 unter »Entscheidungsbäume in Python«.

Lernen und Vorurteile

Mädchen spielen gerne mit Puppen, Jungs sind gut in Mathe, Männer basteln gern an Autos, Frauen kochen gerne – das sind sogenannte *Stereotype*. Stereotype sind Konzepte, die wir gelernt haben und oft, ohne dass wir es überhaupt bemerken, auf Gruppen von Personen anwenden. Wir »übergeneralisieren«, was wir bei einigen Personen gesehen haben, auf eine ganze Gruppe. *Generalisieren* ist ein anderes Wort für »verallgemeinern«.

Aus Stereotypen können Vorurteile werden: »Alle Mädchen sind Heulsusen« oder »Jungs haben kein Mitgefühl«. Stereotype sind ein Beleg dafür, dass wir Menschen »Lernmaschinen« sind – wann immer wir Informationen erhalten. Wir suchen ganz automatisch nach Mustern und Regelmäßigkeiten und fassen zusammen. Meistens ist das eine Superfähigkeit – manchmal aber ist es schädlich.

Beim maschinellen Lernen sind solche falschen Übergeneralisierungen ebenfalls problematisch. Stell dir vor, dass ein Computer anhand von Beispielen die Bedeutung von Verkehrszeichen lernt. Er lernt, dass ein Verkehrszeichen, das innen gelb ist und einen weißen Rand hat, »Vorfahrt« bedeutet. Sind bei den Lernbeispielen keine Ende-der-Vorfahrtstraßen-Schilder dabei, so würde das gelernte Modell auch bei diesem Schild auf Vorfahrt entscheiden.

Übergeneralisierung kann also ganz schön gefährlich werden. Wir Menschen können versuchen, uns selbst genau zu beobachten, um zu erkennen, ob wir stereotyp über andere urteilen. Beim maschinellen Lernen versucht man abzuschätzen, wie gut ein gelerntes Modell bei neuen Objekten funktioniert. Aber um Probleme wie bei dem Verkehrsschilderbeispiel möglichst zu vermeiden, müssen die Menschen, die das System mit Lernbeispielen füttern, vorher genau überlegen, welche Arten von Beispielen benötigt werden.

Soll der lernende Computer später im Verkehr oder in der Medizin eingesetzt werden, muss wegen der möglichen Gefahren für Gesundheit und Leben besonders gründlich überlegt werden, was alles schiefgehen könnte. Allerdings gibt es weder beim menschlichen noch beim maschinellen Lernen eine Garantie, dass wir keine wichtigen Beispiele oder Gegenbeispiele für ein Konzept vergessen.

Und die Profis?

Neuronale Netze und Entscheidungsbäume sind zwei sehr wichtige Techniken, mit denen Computer und Roboter aus Erfahrungen lernen können.

Mit tiefen Netzen kann der Computer Objekte in Bildern erkennen – etwas, was schon kleine Kinder sehr gut können.

Entscheidungsbäume und andere Lernverfahren, mit denen der Computer explizite Regeln lernen kann, werden dann eingesetzt, wenn man die wichtigen Merkmale gut benennen kann, zum Beispiel, um zu entscheiden, welche Pilze giftig sind oder ob der Preis für ein gebrauchtes Auto akzeptabel ist.

Übrigens programmieren auch die Profis für maschinelles Lernen in Python. Keras ist eine viel genutzte Sammlung von Python-Modulen, mit denen man neuronale Netze, vor allem sogenannte tiefe Netze, die aus Zehntausenden von Neuronen bestehen, programmieren kann.

Lösung: Welche Pakete enthalten ein Geschenk?

Das zweite und das vierte Paket im Abschnitt *Wie kann ein Computer lernen?* enthalten ein Geschenk. Allgemein gilt: Kleine dunkle und große helle Pakete enthalten ein Geschenk.

Kapitel 3
Sprechen und Schreiben

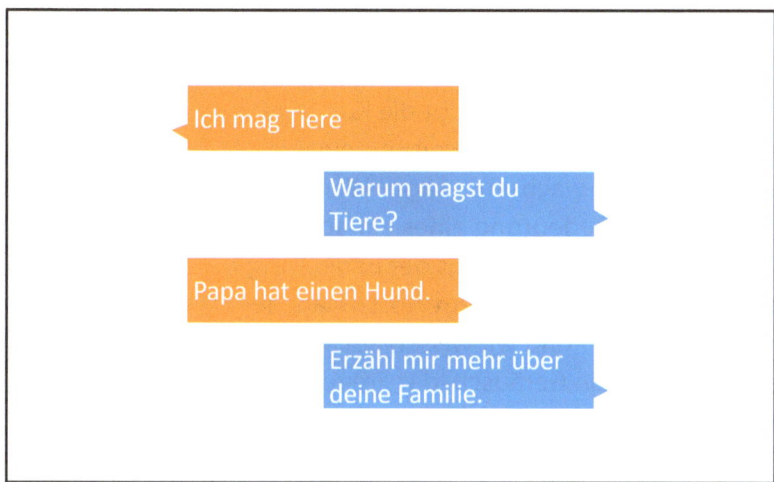

Reden ist Silber, Schweigen ist Gold? Nicht bei uns, denn einem Computer das Sprechen beizubringen, ist eine ganz besondere Herausforderung. Wir zeigen dir in diesem Kapitel, was man beachten muss, wenn man einen Chatbot programmieren möchte – du kannst unseren Chatbot auch selbst ausprobieren.

Natürliche und künstliche Sprachen

Wenn Informatikerinnen und Informatiker Computern mitteilen, was sie zu tun haben, nutzen sie Programmiersprachen wie Python. Programmiersprachen sind künstliche Sprachen. Deutsch, Englisch und so weiter sind natürliche Sprachen.

Sowohl für natürliche als auch für künstliche Sprachen gibt es Regeln, wie man Sprachbausteine aneinanderbauen darf. Das ist die sogenannte *Syntax* einer Sprache. So gilt zum Beispiel im Englischen die SPO-Regel. Zuerst kommt das

Subjekt, dann das Prädikat, dann das Objekt: »The boy ate the tomato.« Dieser Satz besagt, dass der Junge (als handelndes Subjekt) die Tomate (als passives Objekt) gegessen hat und nicht umgekehrt! Beim Programmieren in Python musst du auch darauf achten, die Syntaxregeln einzuhalten. So steht hinter einem `if` eine Bedingung und ein `else` kommt nach, aber nie vor einer `if`-Anweisung.

Die Bedeutung eines Satzes, also das, was wir damit ausdrücken wollen, wird als *Semantik* bezeichnet. In Python ergibt die Kombination der Buchstaben *i* und *f* das Wort `if`, das eine bedingte Anweisung einleitet. Und wir wissen auch, was es bedeutet, wenn ein Erwachsener sagt: »Wenn du jetzt nicht deine Hausaufgaben machst, ...«. Die Bedeutung eines einfachen Aussagesatzes wie: »Das Mädchen lacht« können wir aus der Bedeutung der einzelnen Wörter erschließen: Wir wissen, was mit dem Wort »Mädchen« gemeint ist – ein Kind weiblichen Geschlechts – und wir wissen auch, was »lachen« bedeutet – ein Gesichtsausdruck und ein Geräusch, das Freude bedeutet.

Sprachverarbeitung mit Künstlicher Intelligenz

Computer und Roboter können natürliche Sprache auf zwei grundsätzliche Arten verarbeiten: mit reiner Mustererkennung oder mit semantischer Analyse.

Muster suchen und erkennen

Bei der *Mustererkennung* kommt es nicht auf die Bedeutung an. Textbausteine oder – bei gesprochener Sprache – Klangfolgen werden als Ganzes abgespeichert und können dann wiedererkannt und mit einer Aktion verbunden werden.

So funktionieren viele Geräte, die wir mit Sprache steuern können – von Telefondiensten (»Wenn Sie eine Frage zu Ihrer Bestellung haben, sagen Sie Ja«) bis hin zu sprachgesteuerten Assistenten wie Alexa, Siri und Co.

Porzellankisten sind nicht immer Porzellankisten

Für die *semantische Analyse* müssen Computersysteme den Inhalt und die Bedeutung von dem, was geschrieben oder gesprochen wurde, analysieren und verstehen. An solchen Systemen wird schon sehr lange geforscht.

Im Einsatz sind sie aber kaum, weil die Bedeutung menschlicher Sprache viel komplizierter ist als die einer Programmiersprache.

So bedeutet in Python `return` immer genau das Gleiche.

Wenn wir aber sagen »Ich gehe zur Bank«, kann damit eine Bank zum Draufsitzen oder ein Gebäude gemeint sein, in dem man Geldgeschäfte erledigt.

Der Satz »Das Mädchen sieht den Spion mit dem Fernglas« ist ohne weitere Information doppeldeutig – wer hat das Fernglas? Das Mädchen, das durch das Fernglas schaut, oder der Spion, der ein Fernglas dabeihat?

Was ein Satz genau bedeutet, hängt davon ab, was zuvor gesagt wurde und in welcher Situation der Satz gesagt wird.

Noch schwieriger wird die Sache bei Witzen und bildhafter Sprache. Wenn wir sagen »Die Sonne lacht«, dann ist Lachen im übertragenen Sinn gemeint. Wenn wir sagen »Vorsicht ist die Mutter der Porzellankiste«, haben wir weder eine ganz bestimmte Mutter noch eine Porzellankiste vor Augen.

Computer, die Sprache verstehen – von SHRDLU, WATSON und ELIZA

Bereits in den 1970er-Jahren hat der Informatiker Terry Winograd ein Programm mit dem unaussprechlichen Namen SHRDLU entwickelt, das ==in einer einfachen Welt aus Bauklötzen== natürlichsprachige Befehle verstehen und ausführen konnte.

Hier ein kleiner Ausschnitt aus einem erfundenen, aber möglichen Dialog:

Mensch: Nimm den großen roten Block.

SHRDLU: OK. (Nimmt ihn.)

Mensch: Setze ihn links neben den grünen Zylinder. (SHRDLU tut es.)

Mensch: Jetzt greife den Zylinder.

SHRDLU: Ich weiß nicht, welchen Zylinder du meinst.

Mensch: Nimm den Zylinder neben dem blauen Block.

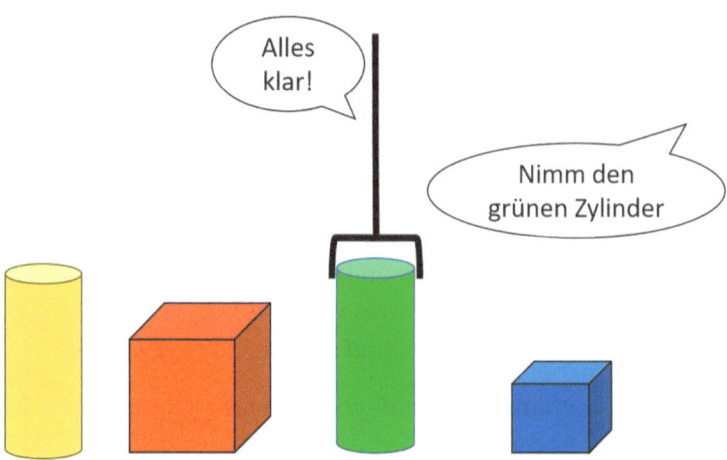

Das ist eine tolle Leistung, was das Programm SHRDLU da macht: Es versteht, welche Figuren Block oder Pyramide heißen, es kennt Farben und die Bedeutung von Verhältniswörtern wie »neben«. Außerdem merkt SHRDLU, wenn es zu einer Bezeichnung mehrere Bauklötze gibt.

Ein aktuelles Computersystem, das die semantische Analyse von Sprache beherrscht, ist das System *Watson*. Watson hat 2011 die Quizshow Jeopardy!, die in den USA sehr beliebt ist, gegen die bis dahin erfolgreichsten menschlichen Kandidaten gewonnen. Bei Jeopardy! muss man zu einer Antwort eine passende Frage formulieren, zum Beispiel:

Antwort: Dieser berühmte Komponist wurde 1756 in Salzburg geboren.

Frage: Wer war Wolfgang Amadeus Mozart?

Manchmal ist es gar nicht so leicht festzustellen, ob ein Computer wirklich Sprache versteht, wie SHRDLU oder Watson, oder nur Muster erkennt.

Eines der ersten Computersysteme, das eine Unterhaltung mit Menschen führen konnte, war ELIZA von Joseph Weizenbaum. ELIZA übernahm die Funktion einer Psychotherapeutin, also einer Art Ärztin, die durch gezieltes Nachfragen einen Patienten zum Weiterdenken und -sprechen bringt. Dabei wurden ganz einfache Methoden der Mustererkennung verwendet. ELIZA drehte Aussagesätze in Fragesätze um:

Mensch: Ich mag Schokolade.

ELIZA: Warum magst du Schokolade?

Sie reagiert auf bestimmte Worte wie »Mutter«:

Mensch: Meine Mutter stammt aus dem Norden.

ELIZA: Erzähle mir mehr von deiner Familie.

Wenn ELIZA keine ihrer Regeln anwenden kann, antwortet sie mit einer Formulierung, die sie zufällig aus einer Menge von vorhandenen Textbausteinen auswählt.

Mensch: So oft ich auch darüber nachdenke, ich verstehe nicht, was sie von mir will.

Eliza: Interessant. Erzähle mehr darüber.

Hallo LILI

Wir haben eine einfache Version von ELIZA programmiert – wir nennen sie LILI. Wie ELIZA soll LILI Aussagesätze in Fragesätze umwandeln.

Allerdings wollen wir uns auf ganz einfache Aussagesätze beschränken. Der Satz muss mit »Ich« beginnen. Danach muss ein Verb in der ersten Person Singular, also in der Ich-Form kommen, beispielsweise »mag« oder »bin«.

Um daraus einen Fragesatz zu machen, ändern wir den Satzanfang in »Warum«, dann folgt das Verb in der zweiten Person Singular, also in der Du-Form, dann »Du«. Den Rest des Satzes übernehmen wir. Nur den Punkt am Ende ändern wir in ein Fragezeichen.

So wird zum Beispiel aus dem Aussagesatz »Ich mag Blumen.« die Frage »Warum magst du Blumen?«. Schau dir unseren Code im Anhang an, um zu verstehen, wie wir das in Python gemacht haben.

Familiengespräche

Was soll LILI noch können, außer Aussagesätze umformulieren? Sie soll sich nach deiner Familie erkundigen, wenn du ein Familienmitglied erwähnst, beispielsweise deine Mutter. Auch das können wir einfach in Python umsetzen. In unserem Code im Anhang findest du die Funktion `nach_familie_fragen`, die es ermöglicht, dass LILI uns nach unseren Familienmitgliedern fragen kann.

Schreiben statt sprechen

Jetzt kann LILI also Aussagesätze in Fragesätze umdrehen und sich nach deiner Familie erkundigen. Aber woher weiß LILI überhaupt, was du gesagt hast?

Wenn du unser Programm ausprobierst, merkst du, dass du leider nicht direkt mit LILI sprechen kannst, aber du kannst deine Sätze mit der Tastatur eingeben. Den Text muss LILI dann aber noch etwas aufbereiten, um damit arbeiten zu können. Dazu haben wir die Python-Funktion `lese_satz` definiert.

Wenn du unsere einfache ELIZA, unsere LILI, selbst programmieren möchtest, dann schau mal in das 8. Kapitel dieses Buchs – dort findest du im Abschnitt »Sprechen und Schreiben« die Schritt-für-Schritt Anleitung für den Code.

Mensch oder Computer?

Forscherinnen und Forscher versuchen Computersysteme zu bauen, mit denen man sich ganz natürlich unterhalten kann. Das Ziel ist es, dass wir bei einem Gespräch keinen Unterschied mehr zwischen Mensch und Computer feststellen können.

Der Wissenschaftler Alan Turing, einer der wichtigsten Vordenker der Künstlichen Intelligenz, hat sich schon in den 1950er-Jahren Gedanken gemacht, wann man ein Computerprogramm als intelligent bezeichnen darf. Er hat den nach ihm benannten Turing-Test vorgeschlagen: Ein menschlicher Tester kommuniziert verdeckt mit zwei Agenten A und B, die beide versuchen, den Tester zu überzeugen, dass sie Menschen sind. Wenn der Tester nicht mehr herausfinden kann, welcher der Agenten der Computer ist, hat das Programm den Turing-Test bestanden.

ELIZA kann als früher Versuch für einen künstlichen intelligenten Agenten angesehen werden. Das Programm hätte den Turing-Test aber nicht bestanden, weil man ELIZA schnell dazu bringen kann, ganz unsinnige Antworten zu geben.

Die Original-ELIZA und natürlich auch unser selbst geschriebenes Programm LILI können wir ganz leicht aus der Fassung bringen. Wenn du Folgendes probierst, wird schnell klar, dass LILI den Turing-Test nicht besteht:

» Wiederhole einfach, was LILI sagt.

» Was passiert, wenn du auf eine Frage von LILI völligen Blödsinn antwortest?

» Wie reagiert LILI, wenn du genau das Gleiche mehrfach sagst?

Die Chatbots kommen

Ein *Chatbot* ist ein Computersystem, mit dem wir schriftlich oder mündlich sprechen können – ein sogenanntes textbasiertes Dialogsystem. ELIZA ist der erste Chatbot der Geschichte.

Aktuelle Chatbots nutzen wie ELIZA Mustererkennung – aber deutlich ausgefuchster – und schnelle Suchverfahren, mit denen sie das Internet nach gehörten oder gelesenen Worten durchsuchen. Zunehmend wird maschinelles Lernen eingesetzt, um sprachliche Muster bestimmten Absichten oder Themen zuzuordnen. So lernen Chatbots typische Formulierungen für Begrüßungen oder Fragen nach Information oder Hilfe.

Je kleiner der Bereich ist, in dem ein Chatbot eingesetzt wird, desto besser kann er lernen, Sprachmuster einer Absicht oder einem Thema zuzuordnen. Geht es zum Beispiel um die Beratung beim Möbelkauf, können Themen wie Möbelart, Aufbau oder Finanzierung sehr genau eingegrenzt werden. Je mehr Menschen den Chatbot nutzen, desto schneller kann er immer mehr Textbausteine den vorgegebenen Themen und Absichten zuordnen.

Der Chatbot, der alle zum Staunen bringt

Stell dir vor, du könntest mit einem Computerprogramm wie mit einem Freund chatten und ihm Fragen stellen, und es würde dir antworten, als wäre es ein echter Mensch! Das ist genau das, was ChatGPT kann. ChatGPT ist ein Computerprogramm, das darauf trainiert wurde, menschenähnliche Gespräche zu führen. Es verwendet eine Technologie namens Künstliche Intelligenz, um Sprache zu verstehen und darauf zu reagieren. Das bedeutet, dass es in der Lage ist, deine Fragen zu verstehen und dir Antworten zu geben, die Sinn machen.

Klingt interessant, oder? Hat dich der Text überzeugt? Denn den Absatz, den du gerade gelesen hast, wurde von ChatGPT geschrieben. Damit ChatGPT dies tut, muss man ihm genau sagen beziehungsweise schreiben, wozu er einen Text generieren soll. Diese Anweisung nennt man Prompt. Den Prompt, den wir geschrieben haben, damit ChatGPT den oben generierten Text ausspuckt, lautete:

```
Schreibe eine Einleitung über ChatGPT für das Kapitel
Sprache für unser Buch "KI selber programmieren für
Dummies Junior". Schreibe einfach und verständlich für
10-12 jährige Jugendliche. Erzähle sachlich.
```

Im Winter 2022, genauer gesagt im November 2022 erblickte ChatGPT das Licht der Welt. Auch wenn es so wirkt, als sei ChatGPT plötzlich da gewesen, brauchte es viele Jahre Entwicklung und Forschung, bis die KI ChatGPT entstanden ist. Entwicklerinnen und Entwickler der US-amerikanischen Firma Open AI programmierten vor ChatGPT bereits sehr ähnliche Systeme und mit jedem neuen System wurde dieses etwas besser. ChatGPT gehört zu der sogenannten Generativen KI. Diese nennt man so, weil sie Sachen generiert – im Fall von ChatGPT Texte. Was man genau hinter generativer KI versteht und wie sie funktioniert, schauen wir uns im nächsten Kapitel noch genauer an. Jetzt wollen wir uns ChatGPT noch etwas genauer widmen.

Ein Blick hinter die Kulissen

Du fragst dich vielleicht, warum ChatGPT so gut darin ist, Texte zu generieren, sodass es uns manchmal schwerfällt, sie von menschlichen Texten zu unterscheiden. Obwohl es schon viele ähnliche Modelle vorher gab, gibt es bei ChatGPT einen entscheidenden Unterschied: Menschen! Ja, du hast richtig gelesen: Menschen haben dafür gesorgt, dass ChatGPT so gute Antworten generieren kann. Das Verfahren, das sich die Entwickler und Entwicklerinnen ausgedacht haben und das hinter ChatGPT steckt, nennt sich »Reinforcement Learning from Human Feedback«. Reinforcement Learning (deutsch: Verstärkungslernen) ist eine Methode, bei der eine KI mit Belohnung und Bestrafung lernt, wie man eine Aufgabe am besten löst. Du kannst dir das wie ein Spiel vorstellen, bei der die KI bei jeder richtigen Handlung Pluspunkte sammelt und bei jeder falschen Handlung Minuspunkte. Bei ChatGPT sind diese Handlungen Texte. Damit ChatGPT lernen konnte, was eine gute Antwort und was eine schlechte Antwort ist, mussten die Entwickler und Entwicklerinnen drei wichtige Schritte durchführen.

1. Im ersten Schritt haben Menschen viele Beispiele generiert, wie gute Antworten auf Beispielfragen aussehen. Diese Antworten wurden dann genutzt, um ChatGPT zu verbessern.

2. Im zweiten Schritt wurden wieder Beispielfragen gestellt, diesmal musste ChatGPT diese beantworten. Diese Antworten wurden dann von Menschen in eine Reihenfolge gebracht (schlechteste bis beste Antwort). Mit diesen Informationen wurde ein Belohnungssystem trainiert, das ChatGPT nutzen kann, um seine eigenen Texte zu bewerten.

3 Im dritten Schritt wird nun dieses Belohnungsmodell von ChatGPT benutzt. Du kannst dir das so vorstellen, dass ChatGPT einen Text schreibt, sich dann den geschriebenen Text anschaut und bewertet, ob das wohl ein guter Text ist. Wenn das der Fall ist, wird ChatGPT bei einer ähnlichen Anfrage wieder einen ähnlichen Text generieren. Wenn die Antwort nicht so gut war, wird ChatGPT beim nächsten Mal eine andere Antwort (oder Teile davon) generieren.

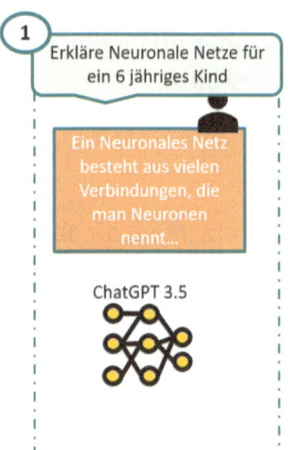
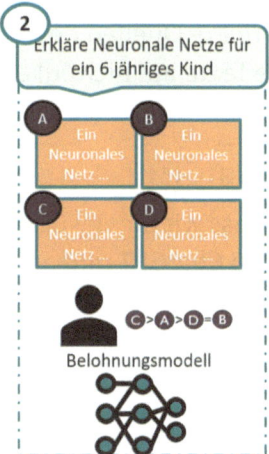
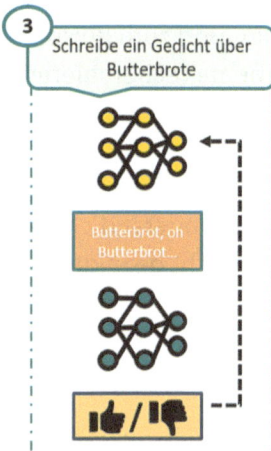

Sehr überzeugend – bei völliger Ahnungslosigkeit!

ChatGPT macht einen wirklich guten Eindruck, oder? Aber man muss auch vorsichtig sein mit den Texten, die es generiert. Denn ChatGPT versteht nicht die Bedeutung von dem, was es generiert. Es hat nur gelernt, wie wahrscheinlich ein Wort nach dem nächsten kommt. Daher generiert ChatGPT manchmal Texte, die sehr gut klingen, aber falsch sind. Manche Leute machen sich einen Spaß daraus, ChatGPT falsche Antworten zu entlocken. Wir haben das auch mal ausprobiert und das Wissen von ChatGPT ==über die fiktive Hexe Bibi Blocksberg getestet==.

 Wie lautet der richtige Name von Bibi Blocksberg?

 Der richtige Name von Bibi Blocksberg in der gleichnamigen deutschen Hörspiel- und Buchreihe ist Bibi Blocksberg. In der Geschichte ist sie als Bibiane Blocksberg bekannt, aber im Alltag wird sie einfach Bibi genannt. Sie ist eine junge Hexe und die Hauptfigur der Serie, die von Elfie Donnelly erschaffen wurde. Bibi ist für ihre Abenteuer und ihren Charme bekannt, und sie lebt mit ihrer Familie in der Stadt Neustadt.

Reger

Klingt überzeugend, oder? Wenn ihr euch nicht mit Bibi Blocksberg auskennt, könntet ihr schon vermuten, das ChatGPT Recht hat und die kleine Hexe wirklich Bibiane heißt, immerhin fängt dieser Name auch mit den gleichen Buchstaben an. Wenn ihr, wie wir, die Hörspiele von Bibi Blocksberg kennt, wisst ihr, dass die Antwort von ChatGPT falsch ist. Bibi Blocksberg heißt in Wirklichkeit Brigitte Blocksberg. Wenn man also wenig Wissen in einem Bereich hat, fällt es sehr schwer zu erkennen, ob die Texte, die ChatGPT generiert, wirklich korrekt sind. Daher sollte man sehr kritisch mit den generierten Texten umgehen und zum Beispiel auch andere Quellen oder Informationen zu einem Thema recherchieren, um die Texte auf Richtigkeit zu überprüfen.

Wo bleibt der Link zu ChatGPT?

Du wunderst dich vielleicht, dass wir dir viel über ChatGPT erzählen, dir aber gar nicht gezeigt haben, wo du ChatGPT und auch andere KI-Textgeneratoren finden und ausprobieren kannst. Das liegt daran, dass ChatGPT erst ab einem Alter von 13 Jahren genutzt werden sollte – und selbst dann benötigt man einen Nutzeraccount, den nur Personen über 18 Jahre einrichten dürfen.

Aber selbst wenn du noch nicht 13 Jahre alt bist oder keinen Nutzeraccount (zum Beispiel von euren Eltern) für ChatGPT hast, ist es wichtig zu verstehen, wie Generative KI funktioniert, weil diese Technologie viele Bereiche unseres Lebens verändert hat und noch verändern wird. Vielleicht kennst du Freunde oder Freundinnen, die ChatGPT zum Beispiel für die Hausaufgaben nutzen – natürlich nur dann, wenn es auch erlaubt ist. Du weißt jetzt, dass man Texte von ChatGPT nicht einfach kopieren sollte, sondern sich mit den Inhalten und ihrer Richtigkeit auseinandersetzen muss – damit die Hausaufgaben keine falschen Informationen bereithalten.

Nachdem wir uns am Ende dieses Kapitels mit der Generierung von Texten beschäftigt haben, schauen wir uns im nächsten Kapitel Generative KI noch etwas genauer an.

Kapitel 4
Bilder generieren

Wald mit Elfen – Generiert mit Ideogram.AI

Stell dir vor, du könntest alle Bilder, die du im Kopf hast, umsetzen – und zwar ganz ohne Stift oder Pinsel in die Hand zu nehmen. Klingt wie Magie? Mit KI ist das möglich – ganz ohne Zauberei. Wir erklären dir in diesem Kapitel, was Generative KI ist und warum es manchmal nicht so einfach ist, die Bilder zu erhalten, die man sich im Kopf vorgestellt hat.

Ein Prompt, aber prompt!

In Kapitel 3, »Sprechen und Schreiben«, erklären wir die Funktionsweise von ChatGPT – einer Generativen KI. Generative KI ist in der Lage, neue Dinge zu erschaffen. Diese KI-Programme können Texte schreiben (zum Beispiel ChatGPT), Musik komponieren, und, was wir uns jetzt anschauen, Bilder erzeugen. Du gibst der KI eine Idee oder eine Beschreibung und sie verwandelt das in ein Bild. Um der KI deine Idee mitzuteilen, formulierst du einen *Prompt*. Dies ist ein Text, den du der Bildgenerator-KI gibst. Dabei beschreibt der Prompt, wie das Bild aussehen soll, das du generieren möchtest.

Verschiedene Arten Generativer KI

Ein bekanntes Beispiel für Generative KI sind die sogenannten »Generative Adversarial Networks« (kurz: GANs). Du kannst dir GANs so vorstellen: Sie bestehen aus zwei Teilen: einem Künstler (Generator) und einem Kritiker (Diskriminator). Der Künstler versucht, Bilder zu malen, die zum Beispiel wie echte Fotos aussehen, und der Kritiker sagt ihm, ob das Bild gut genug ist. So wird der Künstler immer besser und besser.

Transformer-Modelle sind eine andere Methode, um Bilder zu generieren. Sie bestehen aus zwei Hauptteilen: dem Encoder und dem Decoder. Der Encoder zerlegt und analysiert die Eingabe, während der Decoder daraus zum Beispiel ein Bild erstellt.

Ein wichtiger Mechanismus der Transformer ist die Selbstaufmerksamkeit (engl. Self-attention). Sie bewertet ständig, welche Teile der Eingabe am wichtigsten sind, um die beste Ausgabe zu erzeugen. So können Transformer präzise Bilder aus deinen Beschreibungen erzeugen.

So malst du mit Generativer KI

Stell dir vor, du möchtest ein Bild von einem Einhorn mit einem Regenbogen malen. Dann könntest du den folgenden Prompt aufschreiben »Ein Einhorn springt über einen Regenbogen«. Wir haben das mal für dich ausprobiert.

Bild generiert mit SDXL

Du siehst, dies hat schon ganz gut funktioniert. Aber es ist noch nicht ganz so, wie wir uns das vorgestellt haben. Der Regenbogen ist uns viel zu klein. Wir schreiben unseren Prompt etwas genauer: »Ein Einhorn springt über einen großen Regenbogen. Der Regenbogen ist vorne im Bild und glitzert.«

Bild generiert mit SDXL

Das gefällt uns schon besser. Der Regenbogen ist zwar nicht ganz vorne im Bild, aber er glitzert schön und das gefällt uns ganz gut. Aber fällt dir auf, was das Einhorn noch nicht macht? Es springt nicht über den Regenbogen. Wir versuchen, das Springen noch besser zu beschreiben: »Ein Einhorn springt über einen großen Regenbogen. Das Einhorn hebt die Hufe. Das Einhorn ist über dem Regenbogen. Der Regenbogen ist vorne im Bild und glitzert.«

Bild generiert mit SDXL

Kapitel 4 Bilder generieren

Huch, jetzt hebt unser Einhorn zwar die Beine und ist über dem Regenbogen, aber dieser hat sich in einzelne Stücke aufgelöst.

Du merkst, es kann Spaß machen, mit Generativer KI Bilder zu generieren, aber du musst etwas Geduld mitbringen und Lust haben, verschiedene Beschreibungen auszuprobieren, um deinem Bild, das du im Kopf hast, näherzukommen.

Viele Leute nutzen auch ChatGPT, um sich einen Prompt generieren zu lassen, den sie dann einem Bildgenerator geben. Wir probieren das nun auch einmal aus. Wir schreiben ChatGPT: »Generiere einen anschaulichen Prompt für ein Einhorn, das über einen Regenbogen springt. Beschreibe es so, dass ein Bildgenerator ein passendes Bild erzeugt«. Folgende Beschreibung lieferte uns ChatGPT:

```
Erzeuge ein Bild eines majestätischen weißen Einhorns
mit einer goldenen Mähne und einem funkelnden,
spiralförmigen Horn, das elegant über einen strahlend
bunten Regenbogen springt. Der Himmel im Hintergrund
sollte ein klares, strahlendes Blau haben, gesprenkelt
mit ein paar sanften, weißen Wolken. Das Einhorn sollte
in einer dynamischen Pose dargestellt werden, mit
ausgestreckten Beinen und wehender Mähne, die im
Sonnenlicht glitzert. Unter dem Regenbogen sollte eine
üppige grüne Wiese mit bunten Blumen zu sehen sein, die
den farbenfrohen Regenbogen und das leuchtende Einhorn
ergänzen. Die gesamte Szene sollte von einem sanften,
goldenen Sonnenlicht durchflutet sein, um die Magie und
Anmut des Moments zu unterstreichen.
```

Der von ChatGPT generierte Prompt ist deutlich länger als unserer. Wir testen natürlich, ob dieser Prompt besser funktioniert, um unser gewünschtes Bild zu generieren. Dafür geben wir ==den von ChatGPT generierten Prompt an den Bildgenerator==.

Bild generiert mit SDXL

Wow, das hat ziemlich gut funktioniert! Das Einhorn hat eine goldene Mähne und die Blumenwiese ist gut zu erkennen. Nur leider springt unser Einhorn immer noch nicht über den Regenbogen.

 *Warum fällt es dem KI-Bildgenerator so schwer, unser Einhorn springen zu lassen? Das liegt daran, dass Bildgeneratoren nicht gut mit Relationen umgehen können. Relationen beschreiben die Beziehung von Objekten zueinander, zum Beispiel, ob sich ein Einhorn ÜBER einem Regenbogen befindet oder DARUNTER.*

Tipps und Tricks für bessere Ergebnisse

Du möchtest selbst einmal Bilder mithilfe von KI generieren? Hier geben wir dir unsere zwei wichtigsten Tipps mit. Diese haben wir durch viel Ausprobieren herausgefunden:

» **Sei genau in deinen Beschreibungen:** Je genauer du beschreibst, was du dir vorstellst, desto besser kann die KI arbeiten. Statt nur »Einhorn auf einem Regenbogen« zu schreiben, könntest du hinzufügen: »Ein weißes Einhorn mit einer glitzernden Mähne, das über einen leuchtend bunten Regenbogen im klaren blauen Himmel springt«. Oder du nutzt wie wir einen Textgenerator, um dir ausführliche Prompts zu generieren.

» **Probiere verschiedene Beschreibungen aus:** Manchmal musst du verschiedene Wörter ausprobieren, um das gewünschte Ergebnis zu bekommen. Wenn »springt« nicht das richtige Bild erzeugt, versuche es mit »galoppiert« oder »fliegt«.

Die Sache mit dem Datenschutz

Generative KI kann wunderbare Dinge wie Texte oder Bilder erschaffen und uns bei vielen kreativen Projekten helfen. Es ist wichtig, dabei über Datenschutz und die sichere Nutzung dieser Technologie nachzudenken. Wenn du eine KI-Anwendung benutzt, gibst du oft persönliche Informationen ein, wie Beschreibungen, Fotos oder andere Daten. Diese Daten können sehr wertvoll sein und sollten gut geschützt werden. Vermeide es, die Technologie für unangemessene oder schädliche Zwecke zu verwenden. Respektiere die Privatsphäre und die Rechte anderer Menschen – nutze also zum Beispiel keine persönlichen Informationen über andere, wenn diese nicht zugestimmt haben.

SDXL – kein Buchstabensalat, sondern eine KI, die Bilder generiert

Wir haben zum Generieren der Einhornbilder ein KI-Modell namens Stable Diffusion XL (oder kurz: SDXL) verwendet. Um zu verstehen, wie SDXL funktioniert, schauen wir uns nochmal das Beispiel von eben mit dem Einhorn an.

» **Die Eingabe verstehen:** Wenn wir unseren Prompt »Ein Einhorn springt über einen großen Regenbogen« eingeben, beginnt SDXL, die Bedeutung zu analysieren. Es zerlegt den Satz in einzelne Wörter und erkennt die wichtigen Teile: »Einhorn«, »springt« und »Regenbogen«.

» **Bildgenerierung:** SDXL verwendet ein sogenanntes U-Net-Modell zur Bildgenerierung. Dieses Modell ist besonders gut darin, Bilder aus Rauschen zu erzeugen. Du kannst dir das vorstellen wie ein rauschendes Bild im Fernseher. Das Modell arbeitet daran, dieses rauschende Anfangsbild so zu verändern, dass es der Textbeschreibung entspricht. Es tut dies durch einen Prozess, der »Diffusion« genannt wird. Dieser Prozess entfernt die zufälligen Aspekte des Bildes und fügt gleichzeitig Elemente hinzu, die notwendig sind, um das gewünschte Bild zu formen. Hierfür werden die zerlegten Satzteile unseres Prompts verwendet.

SDXL ist ein quelloffenes Programm. Das bedeutet, die Entwickler und Entwicklerinnen haben den Code für alle frei zugänglich gemacht, so dass jeder und jede seine eigene SDXL-KI programmieren kann. Es gibt aber online auch Anbieter, die eine Version von SDXL zur Verfügung stellen, sodass man diese Generative KI auch ohne Programmierkenntnisse gut nutzen kann.

Bevor du Generative KI nutzen kannst, muss sie erst einmal lernen, wie man Prompts versteht und daraus Bilder generiert. Hierfür muss das Modell trainiert werden – in Kapitel 2, »Lernen«, kannst du mehr über die grundlegende Idee des Lernens bei Maschinen erfahren. Bei Generativer KI hat das Modell Millionen von Bildern und die dazugehörigen Beschreibungen analysiert, um zu lernen, wie Wörter und Beschreibungen in visuelle Elemente übersetzt werden können. Die Bilder stammen dabei häufig aus dem Internet und sind von Menschen gemalt, gezeichnet oder fotografiert worden. Diese Personen werden aber nicht gefragt, ob ihre Bilder für eine Generative KI genutzt werden dürfen. Daher gibt es große Diskussionen und Kritik von Künstlerinnen und Künstlern bezüglich Generativer KI.

Kapitel 5
Spielen

Können Computer spielen? Das kommt auf das Spiel an: Einfach so mit Plüschtieren, Bausteinen oder Verkleidungskisten spielen und dabei Rollen wie Astronautin, Drachenreiter oder Meermensch einnehmen und »so tun, als ob« ist nichts, was Computer oder Roboter von sich aus einfach so machen.

Spiele, die ein klares Ziel haben und für die es Spielregeln gibt, sind hingegen ein spannendes Forschungsthema für die Künstliche Intelligenz.

Roboterfußball – Toooor

Schon seit 1997 gibt es die Roboterfußball-Weltmeisterschaft, kurz den Robo-Cup. Hier treten jährlich Roboter-Teams aus vielen Universitäten und Forschungseinrichtungen der ganzen Welt gegeneinander an.

Deutschland gehört neben Japan übrigens zu den erfolgreichsten Ländern. Im Bild sieht man die Mannschaft des RoboCup-Teams B-Human der Universität Bremen und des DFKI, die das internationale Turnier schon oft gewonnen haben.

Beim Programmieren von Robotern, die dann erfolgreich Fußball spielen, lernen Wissenschaftlerinnen und Wissenschaftler eine ganze Menge, was sie auch für ernsthaftere Anwendungsgebiete wie Pflegeroboter oder Rettungsroboter nutzen können. Ein Fußballroboter muss eine sehr gute Körperbeherrschung haben, zum Beispiel Bälle genau abspielen und annehmen. Er muss blitzschnell erkennen, wo ein anspielbares Teammitglied steht und was der Gegner vorhat.

Schlangen und ärgerliche Vögel

Bei vielen Spielen braucht man Strategien, um gute Entscheidungen zu treffen, die zu vielen Punkten oder zum Gewinn führen. Da liegt es nahe zu erforschen, wie man mit Künstlicher Intelligenz Computerspiele wie Pac-Man, Snake oder Angry Birds spielen kann.

Snake und Pac-Man sind aus Informatiksicht uralte Computerspiele. Man spricht von Arcade Games, da diese Spiele zunächst in den USA in sogenannten Penny Arcades und in Deutschland in Spielhallen kostenpflichtig angeboten wurden.

Snake war bei vielen Handys (den Mobiltelefonen, die es vor der Einführung von Smartphones gab) standardmäßig installiert. Bei Snake geht es darum, den Kopf einer Schlange zu Futterhappen zu führen, bei jedem verspeisten Happen wird die Schlange ein Stück länger. Pac-Man läuft in einem Labyrinth und muss möglichst viele Drops verspeisen und gleichzeitig aufpassen, dass er nicht von einem Geist erwischt wird.

Pac-Man, Angry Bird und Snake – Generiert mit Ideogram.AI

Im Jahr 2020 gewann ein KI-Spieler des Teams von Google DeepMind gegen einen menschlichen Spieler in allen 57 bekannten Arcade Games. Dabei wurde sogenanntes Deep Reinforcement Learning genutzt. *Reinforcement Learning* ist eine Methode des maschinellen Lernens, die schon in den 1950er-Jahren entwickelt wurde. Auf Deutsch kann man dazu »verstärkendes Lernen« sagen. Die Idee kommt aus der Psychologie. Einfache Lernprozesse funktionieren so, dass Belohnungen und Bestrafungen dazu führen, dass bestimmte Handlungen zukünftig häufiger oder seltener ausgeführt werden. Hast du einmal auf eine heiße Herdplatte gefasst und dich verbrannt, dann wirst du das wohl zukünftig nicht mehr machen. Die Handlung »auf die heiße Herdplatte fassen« wurde durch den erfahrenen Schmerz bestraft. Deep Reinforcement Learning kann beispielsweise mit einem Convolutional Neural Network umgesetzt werden (siehe Kapitel 2, »Lernen«).

Angry Birds hast du vielleicht selbst schon mal gespielt: Du musst entscheiden, wo du einen Vogel hinschießen musst, um möglichst viele Schweine zu treffen, die zum Teil hinter Holz-, Stein- und Eisbauten versteckt sind.

Überlege mal, was du hier alles beachten musst. Wenn man es genau nimmt, löst du bei Angry Bird dauernd physikalische Probleme. Nämlich immer dann, wenn du entscheidest, mit wie viel Kraft du einen Vogel auf welcher Höhe auf welchen Gegenstand schleuderst. Außerdem musst du bei Angry Birds vorausplanen, weil man manche Schweine nur durch mehrere Vogelschüsse nacheinander erwischen kann.

Brett vorm Kopf? Nicht bei Brettspielen!

Bei den meisten Brettspielen braucht man eine gute Strategie, um zu gewinnen. Dabei sieht man – anders als bei Kartenspielen – bei Brettspielen die gesamte Spielsituation. Bei Mensch-ärgere-dich-nicht kannst du zum Beispiel erkennen, ob ein Mitspieler dich im nächsten Zug rausschmeißen könnte. Bei Mau-Mau weißt du dagegen nicht, welche Karten der Spieler, der nach dir dran ist, auf der Hand hat.

Bei vielen Spielen spielt Glück eine Rolle. So kannst du bei Mensch-ärgere-dich-nicht Glück haben und dein Gegner würfelt eine zu hohe Augenzahl und muss an dir vorbeiziehen, ohne dich rauszuwerfen.

Andere Spiele, wie Schach, Dame und Mühle sind dagegen reine Strategiespiele. Mit solchen Spielen hat sich die Künstliche-Intelligenz-Forschung als Erstes beschäftigt. Im Jahr 1997 war zum ersten Mal ein ==Computerprogramm besser als der menschliche Schachweltmeister==.

Mit freundlicher Genehmigung von International Business Machines Corporation, ©1997 International Business Machines Corporation.

Ein Brettspiel, das lange Zeit als für KI nicht lösbar galt, ist das chinesische Brettspiel GO, bei dem es, wie bei Schach, Weltmeisterschaften gibt. Wieder war es ein Team von DeepMind, das hier den Durchbruch schaffte. Im Jahr 2015 besiegte das System AlphaGo den amtierenden Europameister und professionellen Go-Spieler Fan Hui.

Tic-Tac-Toe

Bei reinen Strategiespielen sind Methoden des maschinellen Lernens besonders geeignet, um Computern gute Strategien mitzugeben. Dabei geht es vor allem darum, ausgefuchste Methoden zu nutzen, mit denen man blitzschnell viele Züge durchspielen kann, um abzuschätzen, welcher Zug am vielversprechendsten ist.

Das schauen wir uns im Folgenden genauer an, allerdings an einem einfacheren Spiel als Schach, nämlich an Tic-Tac-Toe.

Die Regeln

Tic-Tac-Toe spielt man auf einem Spielfeld mit 3x3 kleinen Feldern. Abwechselnd zeichnet ein Spieler einen Kreis und der andere Spieler ein Kreuz in ein freies Feld. Der Spieler, der als erster drei eigene Symbole in einer Reihe, Spalte oder Diagonale hat, hat gewonnen.

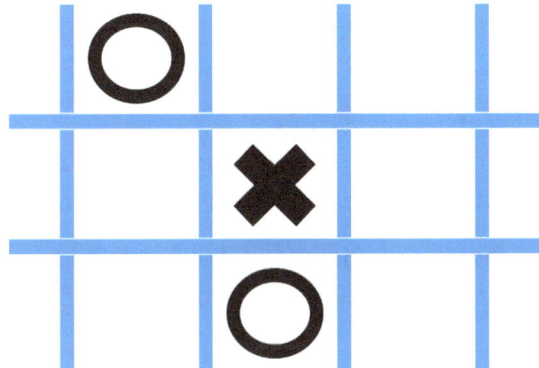

Tic-Tac-Toe mit einem Computer spielen

Nun wollen wir dir zeigen, wie ein Computer gut Tic-Tac-Toe spielen kann.

 *Tic-Tac-Toe ist eines der ältesten Strategiespiele und wird wohl schon seit dem 12. Jahrhundert gespielt. Es war auch eines der ersten Spiele, die es als Computerspiel gab (1952!).*

Spiele zuerst einmal mit einem anderen Menschen Tic-Tac-Toe – das hast du vermutlich schon oft gemacht. Aber jetzt mache es mal so, dass du nicht überlegst, wo du dein Symbol (Kreuz oder Kreis) am besten hinsetzt, sondern lass den Zufall entscheiden. Das kannst du machen, indem du jeden Zug mit zwei

Würfeln auswürfelst. Würfel 1 sagt dir die Zeile (1, 2 oder 3) und Würfel 2 sagt dir die Spalte (1, 2 oder 3). Da deine Würfel vermutlich 1 bis 6 Augen haben, nimmst du 1 oder 4 für die erste Zeile oder Spalte, 2 oder 5 für die zweite Zeile/Spalte und 3 oder 6 für die dritte. Wenn dieses Kästchen schon belegt ist, nimmst du ein Nachbarkästchen. Spiele mehrere Runden. Vermutlich wird dein menschlicher Gegner öfter gewinnen als du. Menschen denken bei Tic-Tac-Toe nach, welcher Zug in welcher Spielsituation der Beste ist. Dabei muss man vorausschauend denken. Die Frage ist, wie man vorausschauendes Denken einem künstlichen Spiele-Agenten beibringen kann. Dazu nutzen wir wieder KI-Methoden.

Beim Spiel Tic-Tac-Toe geht das Spiel unentschieden aus, wenn beide Spieler optimal spielen. In diesem Fall sind alle neun Felder mit Kreuzen und Kreisen belegt, ohne dass drei gleiche Symbole in einer Reihe, in einer Spalte oder in einer Diagonalen sind.

Computersimulationen haben gezeigt, dass es insgesamt mehr Zugkombinationen gibt, bei denen der erste Spieler gewinnt.

Gute Spieler, schlechte Spieler

Wie spielt man eigentlich gut? Klar, indem man versucht zu gewinnen oder zumindest unentschieden zu spielen. Aber wie macht man das am besten?

Nehmen wir mal an, dass du gerade gegen den Spiele-Agenten spielst und dieser am Zug ist. Wo sollte der Spiele-Agent bei diesem Spielstand am besten seinen Kreis setzen?

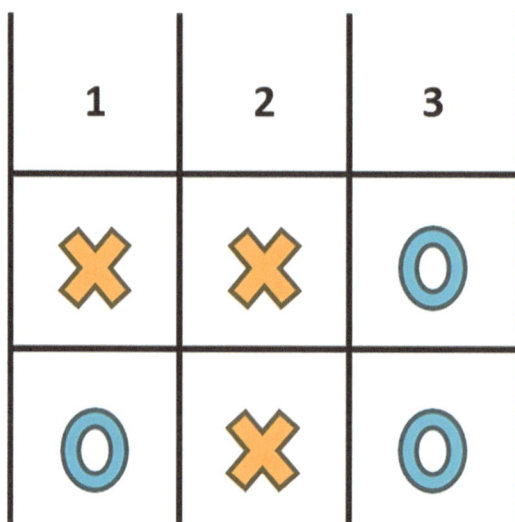

Der Spiele-Agent könnte seinen Kreis in Feld 1, Feld 2 oder Feld 3 setzen. Lass uns doch mal alle Möglichkeiten durchprobieren. Nachdem der Spiele-Agent seinen Kreis gesetzt hat, bist du wieder am Zug. Aber der Spiele-Agent kann ja nicht wissen, wo du dein Kreuz hinsetzen wirst. Er muss also auch alle deine Möglichkeiten durchprobieren. Es ist aber ziemlich schwer, sich das alles zu merken. Deshalb haben wir dir alle Möglichkeiten aufgezeichnet.

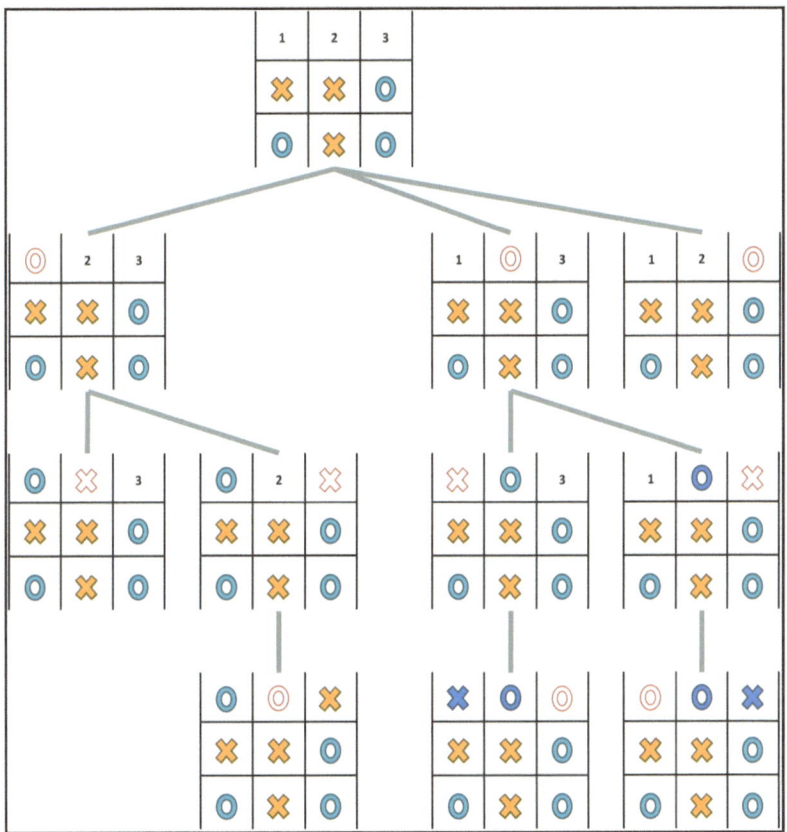

Wenn der Spiele-Agent seinen Kreis in Feld 1 setzt, könntest du dein Kreuz in der Mitte oder rechts setzen. Würdest du es in die Mitte setzen, hättest du gewonnen. Das wäre natürlich schlecht für den Spiele-Agenten – er hätte verloren. Wenn du dein Kreuz in Feld 3 setzt, ist der Spiele-Agent wieder dran. Er kann seinen Kreis dann nur noch in die Mitte setzen. Das Spiel endet unentschieden.

Der Spiele-Agent geht davon aus, dass du auch gewinnen möchtest und dass du keine Fehler machst. Deshalb nimmt der Spiele-Agent an, du würdest dein Kreuz in die Mitte setzen. Er verliert also, wenn er am Anfang seinen Kreis in Feld 1 setzt.

Was passiert, wenn der Spiele-Agent am Anfang seinen Kreis in Feld 2 setzt? Schau dir dazu unsere Übersicht mit allen Möglichkeiten für Spielzüge an. Entweder gewinnt der Spiele-Agent oder das Spiel geht unentschieden aus. Wieder nimmt der Spiele-Agent an, dass du keine Fehler machst, also kann der Spiele-Agent bestenfalls unentschieden spielen.

Und was ist mit dem Feld rechts? Dann hat der Spiele-Agent sofort gewonnen! Er sollte also seinen Kreis in Feld 3 setzen.

Um zu wissen, wo er seinen Kreis setzen sollte, spielt der Spiele-Agent also alle möglichen Züge »im Kopf« durch – und zwar nicht nur einen Zug, sondern alle, bis das Spiel zu Ende ist. Wenn noch mehr als drei Felder frei sind, muss sich der Spiele-Agent einiges merken, aber das kann er ja schließlich besser als wir Menschen.

Er entscheidet sich dann für den Zug, mit dem er das für ihn beste Ergebnis erzielen kann (das Maximum). Gleichzeitig nimmt er an, dass du mit jedem deiner Züge versuchst, das für ihn schlechteste Ergebnis zu erzielen (das Minimum), und dass du keine Fehler machst. Deshalb heißt dieser Algorithmus Minimax-Algorithmus.

Du möchtest deinen eigenen Spiele-Agenten programmieren, um gegen ihn TicTacToe zu spielen? Kein Problem, im Abschnitt »Spielen« in Kapitel 8 zeigen wir dir Schritt für Schritt, wie du das programmieren kannst.

Warum kann man nicht alle Züge ausprobieren?

Der Minimax-Algorithmus, den du gerade kennengelernt hast, probiert einfach alle möglichen Kombinationen von Spielzügen aus.

Das funktioniert aber nicht für alle Spiele. Das liegt daran, dass es ganz schön viele Kombinationen von Spielzügen sein können und dass auch richtig schnelle Computer ziemlich lange brauchen würden, um bei jedem Spielstand alle Möglichkeiten durchzuprobieren und sich daraus die beste auszusuchen. Bei Tic-Tac-Toe gibt es hingegen nur drei Möglichkeiten für ein Feld – leer, Kreuz oder Kreis – und es gibt nur neun Felder.

Hier siehst du ein Beispiel für ein Spiel, bei dem beide Spieler nie einen Fehler machen. <mark>Nach neun Zügen ist das Brett voll belegt</mark> und keiner hat eine Dreierreihe geschafft.

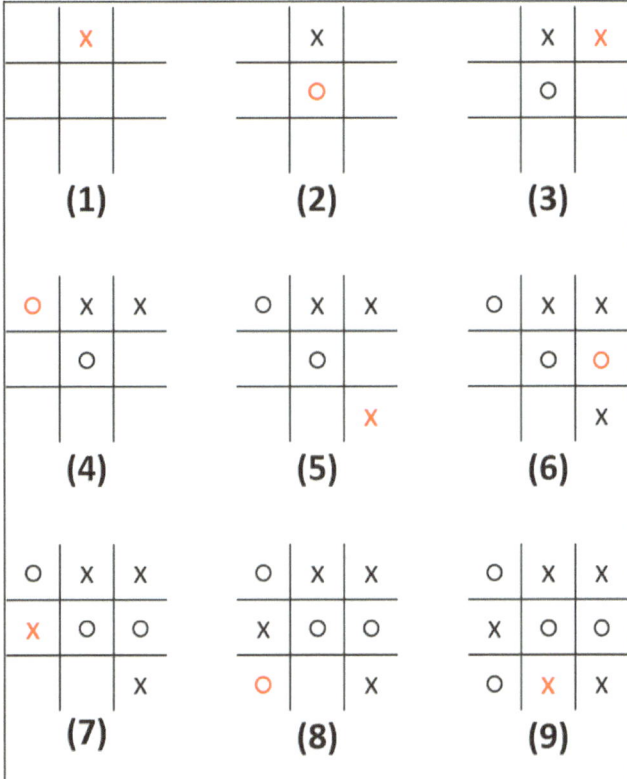

Mit einer mathematischen Formel können wir ausrechnen, dass es höchstens $3^9 = 19.683$ Möglichkeiten gibt, wie das Spielfeld aussehen kann. Das ist für uns Menschen zwar sehr viel, für einen Computer sind knapp 20.000 Daten aber ein Klacks.

Wenn man die Zahl der möglichen Spielverläufe zählt – also Abfolgen von Zügen vom ganz leeren Spielfeld bis zu einem Gewinn oder einem Unentschieden –, kommt man schon auf mehr als 200.000. Immer noch nicht so schrecklich viel.

Bei komplexen Spielen wie Schach landet man hier bei unglaublich großen Zahlen. Der Wissenschaftler Claude Shannon hat 1950 errechnet, dass es mindestens 10^{120} verschiedene Spielverläufe gibt. Das ist eine 1 mit 121 Nullen! Das sind viel mehr Spielverläufe, als es Atome im gesamten Universum gibt (hier geht man von 10^{78} Atomen aus).

Schieben und rutschen

Neben Zweipersonen-Strategiespielen wie Tic-Tac-Toe und Schach werden in der Künstlichen Intelligenz auch Knobelspiele untersucht. Knobelspiele spielt man meist allein. Es geht darum, durch Nachdenken ein vorgegebenes Ziel zu erreichen:

» Beim Turm-von-Hanoi wird ein Turm, der aus nach Größe sortierten Scheiben besteht, von einer Position A auf eine Position C versetzt. Dabei darf immer nur die oberste Scheibe bewegt werden, aber eine größere Scheibe darf nie auf einer kleineren liegen. Zum Parken von Scheiben gibt es noch die Position B.

» Beim 15er-Schiebepuzzle werden die Zahlenplättchen mit den Zahlen von 1 bis 15 in einem 4 x 4-Quadrat so verschoben, dass sie am Ende der Größe nach angeordnet sind.

» Beim Zauberwürfel versucht man durch Drehen von Würfelflächen zu erreichen, dass auf jeder Würfelseite nur eine Farbe zu sehen ist.

Auch bei diesen Spielen gibt es meistens sehr viele Möglichkeiten für Spielzüge, wobei nur wenige zu einer Lösung führen.

Viele Möglichkeiten zu haben bedeutet immer, dass man nicht alle Spielzüge ausprobieren kann. Wir Menschen haben da oft »so ein Bauchgefühl«. Der Computer bedient sich dann sogenannter Heuristiken.

Der Ausruf »Heureka« bedeutet »Ich habe gefunden!«. Er wird dem griechischen Wissenschaftler Archimedes zugeschrieben und meint, dass man eine gute Lösung für ein schwieriges Problem gefunden hat.

In der Künstlichen Intelligenz meint Heuristik, dass man bei einem Problem Hinweise identifiziert, die es dem Computer erlauben, Spielzüge zu bewerten und zu entscheiden, welchen Spielzug man als Nächstes machen soll.

Beim 15er-Schiebepuzzle ist eine bekannte Heuristik, Spielzüge zu prüfen, indem man für alle Zahlenplättchen zählt, wie viele Schritte sie anschließend von der Zielposition entfernt sind, und die Summe daraus bildet. Je niedriger die Summe, desto besser der Spielzug.

Nimm einmal an, dass in einem 8er-Schiebepuzzle (funktioniert wie das 15er-Puzzle, nur mit den Zahlen von 1 bis 8) nur noch die Zahlen 3 und 4 in die richtige Zielposition gebracht werden müssen. Du siehst sicher schnell, dass dafür nur zwei Verschiebungen nötig sind: Die 4 muss nach rechts und die 3 nach unten verschoben werden.

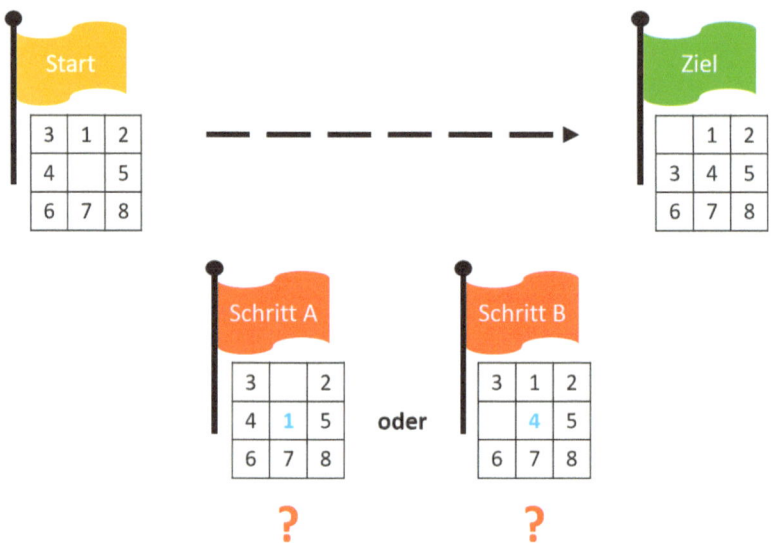

Ein Computerprogramm, das diese Aufgabe gestellt bekommt, könnte aber auch auf die Idee kommen, die 1 nach unten, statt die 4 nach rechts zu verschieben. Um zu erkennen, dass das Verschieben der 1 unsinnig ist, kann es den Wert des Spielzugs wie oben beschrieben berechnen. Spielzug A hat einen Wert von 3, Spielzug B einen Wert von 1. Je niedriger, desto besser. Also entscheidet sich der Computer für Spielzug B.

Der Schachcomputer Deep Blue, der 1997 den Weltmeister Gary Kasparow besiegte, nutzte eine sehr ausgetüftelte Heuristik, um den Wert der Figuren und deren Position auf dem Spielfeld zu beurteilen.

Kapitel 6
Fühlen

Können Computer und Roboter fühlen wie wir? Wir wollen mit dir in diesem Kapitel klären, ob Roboter genauso Gefühle haben können wie wir Menschen.

Über die Emotionen

Du hast dich heute vermutlich schon über etwas gefreut, vielleicht auch über etwas geärgert. Freude und Ärger sind menschliche Gefühle. Der Fachbegriff aus der Psychologie für Gefühle lautet *Emotionen*.

Der Psychologe Paul Ekman hat herausgefunden, dass es sieben Emotionen gibt, die Menschen aus allen Gegenden der Welt ganz ähnlich im Gesicht zeigen. Bei Freude gehen zum Beispiel die Mundwinkel nach oben, bei Ärger ziehen sich die Augenbrauen zusammen und es zeigt sich eine senkrechte Zornesfalte. Diese Wechsel im Gesichtsausdruck nennt man *Mimik*.

Du selbst erlebst jede Gefühlsregung ganz persönlich und spürst dabei körperliche Signale, zum Beispiel schnelleres Herzklopfen. Wenn du einem Freund oder einer Freundin ansiehst, dass er oder sie Angst hat, dann kannst du das mitfühlen. Das heißt, du erinnerst dich, wie du dich selber fühlst, wenn du dieses Gefühl hast.

Aber eigentlich weißt du nicht, wie sich das Gefühl bei anderen anfühlt. Wenn du ein Haustier hast oder einen Tierfilm siehst, vermutest du auch oft, dass das Tier gerade ein bestimmtes Gefühl hat – der Hund schaut so traurig, weil sein Besitzer weggegangen ist, das Reh hat Angst vor dem Wolf und so weiter. So genau können wir aber nicht wissen, ob andere Menschen oder auch Tiere ähnliche Gefühle haben wie wir. Philosophen sprechen hier von *Zuschreibung*.

Der Psychologe Paul Ekman hat menschliche Gesichtsausdrücke in vielen Ländern untersucht. Er definiert sieben Basisemotionen, die sich bei allen Menschen ähnlich in der Gesichtsmimik zeigen: Freude, Wut, Ekel, Furcht, Verachtung, Traurigkeit und Überraschung. Später wurden noch andere Emotionen wie Ärger, Neugier/Interesse, Scham und Schuld ergänzt.

Computer, die einen ärgern

Manchmal sprechen wir auch Dingen Gefühle oder Absichten zu: »Der Computer will mich ärgern« oder »Dein Auto mag mich nicht«. Kann es sein, dass Künstliche Intelligenz so weit gehen kann, dass Computer und Roboter selber Gefühle entwickeln und Absichten haben?

Genau das ist Thema von vielen Science-Fiction-Filmen wie Star Wars oder Terminator. Wir haben in diesem Buch KI-Programme geschrieben, die Computer denken, lernen, spielen und sich unterhalten lassen. Glaubst du, dass dein Computer, auf dem du diese Programme ausführst, bald sagen wird: »Ich habe heute keine Lust, dich dein Lieblingsspiel spielen zu lassen« oder »Ich freue mich, dass du endlich wieder Python programmierst«?

Vermutlich glaubst du nicht, dass das passieren wird. Aber vielleicht glaubst du schon, dass es in der Zukunft Roboter geben wird, die so intelligent sind wie R2D2 aus Star Wars und einen eigenen Willen und vielleicht sogar Gefühle haben.

In der KI-Forschung und in der Philosophie denken Wissenschaftlerinnen und Wissenschaftler über diese Fragen nach. Es gibt Argumente dafür genauso wie dagegen.

Dafür könnte sprechen, dass unser menschliches Hirn unser Denken, Fühlen und Handeln dadurch erzeugt, dass Neuronen (wie in Kapitel 2, »Lernen«, beschrieben) elektrische Impulse abfeuern. Warum sollte es dann nicht möglich sein, dass ein Computer, der aus elektronischen Schaltkreisen gebaut ist, als »künstliches Hirn« funktioniert, das denken, fühlen und handeln kann?

Dagegen könnte sprechen, dass wir Menschen viel zu komplex sind, als dass wir uns selber »nachbauen« können. Es könnte sein, dass dafür Wesen, die komplexer sind als wir selber, notwendig sind.

Viele Dinge, die du tust, machst du »mit Absicht«. Du ziehst Schuhe an, weil du rausgehen willst. Du nimmst den Geldbeutel mit in die Schule, weil du in der Pause etwas zu essen kaufen willst. Der Fachbegriff für Absicht heißt *Intention* und Menschen handeln intentional, also absichtsvoll.

Das Tic-Tac-Toe-Programm (aus Kapitel 5, »Spielen«) wählt immer den Spielzug aus, der die besten Gewinnchancen verspricht. Aber dein Programm hat nicht die bewusste Absicht zu gewinnen. Es weiß ja nicht mal, dass es gerade Tic-Tac-Toe spielt.

Allerdings würde das Programm einen einfachen Turing-Test bestehen – man könnte vermuten, dass man gegen einen intelligenten Menschen spielt. Allerdings würde ein Mensch, der so gut Tic-Tac-Toe spielen kann wie dein Programm, sich auch über das heutige Wetter unterhalten, einen Turm aus Bauklötzen bauen und die Mathe-Hausaufgaben machen können. Das kann das Tic-Tac-Toe-Programm natürlich nicht – es ist hochbegabt in einem ganz speziellen Bereich und kann ansonsten gar nichts.

Kreise und Dreiecke mit Absichten

Die Psychologen Fritz Heider und Marianne Simmel haben schon 1944 gezeigt, dass Menschen immer dazu neigen, Dingen, die sich bewegen, Absichten zuzuschreiben. Heider und Simmel hatten einen Trickfilm erstellt, in dem sich geometrische Formen bewegten. Menschen sollten beschreiben, was sie sahen.

Es zeigte sich, dass alle Menschen, die an dem Versuch teilnahmen, intentionale Begriffe verwendeten – also die Bewegungen so beschrieben, als ob die geometrischen Formen absichtsvoll handelten.

Für unser Bild könnte die Beschreibung so lauten: ==Das Rechteck kann sich gerade noch vor dem Kreis retten. Das Trapez verfolgt den Kreis.==

Computer und Roboter haben viel mehr drauf als die geometrischen Formen. Wenn ein Roboter dann auch noch ein Gesicht hat und sich bewegt, dann unterstellen wir fast automatisch, dass er menschliche Eigenschaften hat – insbesondere auch einen eigenen Willen.

Viele Filme, die du im Internet findest, zeigen Roboter, die scheinbar eigenständig handeln und sich sehr klug mit Menschen unterhalten. Das sind meistens künstlich gestellte Szenen oder der Roboter wird von einem Menschen, der nicht sichtbar ist, gesteuert. Spektakulär ist zum Beispiel die Roboterfrau Sophia, die sehr überzeugend wirkt. Aber der Roboter ist nur eine mechanische Puppe, die nicht versteht, was man sagt, und keine eigene Meinung hat.

Ein emotionaler Staubsauger?

Auch wenn wir davon ausgehen können, dass Computer und Roboter selber keine Gefühle haben, kann es sinnvoll sein, dass sie menschliche Emotionen erkennen können. Wäre es nicht praktisch, wenn ein Haushaltsroboter erkennen würde, dass wir genervt sind, wenn er aufräumt, während wir es uns gerade in dem Zimmer gemütlich machen wollen?

Durch Mimik können wir manchmal schneller und direkter mitteilen, was los ist, als durch Sprache. Auch wenn wir davon ausgehen, dass Roboter wohl eher keine Gefühle haben können, könnten wir Programme schreiben, die Gefühle simulieren, also den Roboter so tun lassen, als ob er sich freut oder ärgert. Das kann ein humanoider, also menschenähnlicher, Roboter dann durch Mimik ausdrücken, so wie es der Psychologe Ekman beschrieben hat. Dass ein Roboter Gefühle vormacht, kann in ganz speziellen Anwendungen sinnvoll sein, zum Beispiel um mit autistischen Kindern, die Schwierigkeiten haben, Gefühle zu erkennen, genau dies zu üben. Aber – wer würde einen Haushaltsroboter haben wollen, der sagt: »Heute staube ich nicht ab, weil ich mich über dich geärgert habe?«

Wenn du dich mit KI-Systemen wie ChatGPT unterhältst (siehe Kapitel 3, »Sprechen und Schreiben«), dann bekommst du auch manchmal Antworten, in denen das System Gefühle äußert. So könnte auf deine Eingabe: »Hast du Tipps, was ich bei Kopfschmerzen tun kann«, die Antwort mit dem Satz anfangen: »Es tut mir leid zu hören, dass du Kopfweh hast.« Wenn ein Mensch das sagt, merken wir, dass der Mensch mit uns mitfühlt. Vermutlich weiß er selber, wie es sich anfühlt, Kopfschmerzen zu haben. ChatGPT gibt diese Antwort aber, weil es im Dialogsystem so trainiert wurde.

Erklären, was die Künstliche Intelligenz sieht

Damit ein Computer erkennen kann, wie sich ein Mensch gerade fühlt, werden Fotos des menschlichen Gesichts analysiert. Dazu werden maschinelles Lernen und vor allem tiefe neuronale Netze eingesetzt.

Die KI-Forscher möchten natürlich nachvollziehen können, welche Informationen im Bild vom gelernten System genutzt werden, um zu entscheiden, ob ein Mensch gerade Freude oder Ärger empfindet. Deshalb werden Verfahren entwickelt, mit denen die Systeme im eingegangenen Bild markieren, welche Bildpunkte vor allem für die Entscheidung genutzt wurden. Solche Verfahren nennt man *Erklärbare Künstliche Intelligenz*.

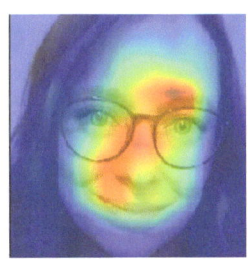  

In unseren Beispielbildern wird im Gesicht auf drei verschiedene Arten markiert, welche Teile das neuronale Netz vor allem beachtet hat, um den Gesichtsausdruck als Freude zu erkennen. Links ist eine sogenannte »Heatmap«, bei der die Wichtigkeit der Bildpunkte mit Farbtönen von Rot (sehr wichtig) bis Blau (sehr unwichtig) dargestellt wird. In der Mitte sind die Bildpunkte umso röter, je wichtiger sie sind. Im rechten Bild wird mit sogenannten Super-Pixeln gearbeitet: Bildpunkte werden zu Gruppen zusammengefasst. Das wichtigste Superpixel erhält die Farbe Grün, das unwichtigste die Farbe Rot.

Kapitel 7
Was du jetzt über KI weißt

Schüler und Schülerin denken über KI nach – Generiert mit Ideogram.AI

So, jetzt hast du dich eingehend mit verschiedenen Bereichen von KI beschäftigt. Du hast an konkreten Beispielen gesehen, wie menschliche Leistungen des Denkens, Lernens, Spielens und Sprechens mit Methoden der Künstlichen Intelligenz auf dem Computer simuliert werden können. Beim Thema generative KI hast du gelernt, wie Computer neue Bilder erzeugen können, und dich gefragt, ob das so kreativ ist, wie wenn du ein Bild malst. Du hast dir Gedanken darüber gemacht, ob Computer auch Gefühle haben (eher nein) oder Gefühle erkennen können (eher ja).

Denke nochmal zurück, was du über KI wusstest und dachtest, bevor du dieses Buch gelesen hast. Hat sich deine Meinung zu den Fragen, was KI-Systeme schon können, bald können werden und nie können werden geändert?

Kapitel 7 Was du jetzt über KI weißt

In diesem abschließenden Kapitel wollen wir nun das Forschungsgebiet der KI allgemeiner betrachten. Wir fragen uns, wie sich KI-Systeme von anderer Software unterscheiden, betrachten die Unterschiede zwischen natürlicher und menschlicher Intelligenz, werfen einen Blick in die Geschichte der KI und blicken abschließend in die Zukunft.

Warum schreiben wir »KI« groß?

Wenn wir das »K« (das ja für Künstlich steht) klein schreiben, meint das, dass Intelligenz auch die Eigenschaft haben kann, künstlich zu sein. Damit drücken wir aus, dass wir glauben, dass man ein KI-System bauen kann, das auf gleiche Art intelligent ist wie Menschen. Schreiben wir »Künstlich« dagegen groß, steht »Künstliche Intelligenz« als Eigenname für das Forschungsgebiet KI und als Oberbegriff für alle KI-Methoden und KI-Systeme. Aus diesem Grund schreiben wir im Buch Künstliche Intelligenz mit großem »K«.

Wenn wir kurz von »die KI« oder »eine KI« sprechen, klingt das so, als ob es ein künstliches Wesen gibt, das intelligent ist. Wir nutzen im Buch daher die Begriffe KI-System oder KI-Methode, um immer deutlich zu machen, dass es um KI-Systeme für ganz spezielle Anwendungen oder um spezielle KI-Methoden geht.

Wie unterscheiden sich KI-Systeme von Standard-Software?

Standard-Software basiert auf Programmen, bei denen Eingaben zu Ausgaben verarbeitet werden. Man spricht vom EVA-Prinzip (Eingabe – Verarbeitung – Ausgabe). Beispielsweise könnte ein Programm eine Liste von Zahlen als Eingabe erhalten und die Liste sortiert nach der Größe der Zahlen ausgeben.

Eingabe ⟶ Verarbeitung ⟶ Ausgabe

[5, 17, 3, 22, 57, 1, 8]   Sortieralgorithmus   [1, 3, 5, 8, 17, 22, 57]

Das EVA-Prinzip: *Eingaben werden mittels eines als Programmcode umgesetzten Algorithmus zu Ausgaben verarbeitet.*

Von Programmen erwarten wir, dass sie korrekt und vollständig sind. Das heißt, wir erwarten, dass für jede Eingabe, die wir ins Programm machen, die korrekte Ausgabe berechnet wird (für jede Liste, die wir eingeben, kommt garantiert die sortierte Liste zurück), und wir erwarten, dass das Programm für alle möglichen Listen funktioniert (für die leere Liste, für Listen, bei denen nur zwei verschiedene Zahlen vorkommen, für Listen mit 1000 Elementen und so weiter).

Viele Programme, die auf deinem Computer oder Smartphone laufen, haben diese Eigenschaften. Es gibt dicke Bücher mit Sammlungen von sogenannten Standardalgorithmen, die die Grundlage für solche Programme und Apps liefern. Aber es gibt jede Menge Probleme, die mit Standardalgorithmen nicht lösbar sind und genau dann kommt KI zum Zug.

KI-Algorithmen sind in folgenden Situationen notwendig:

» Ein Problem ist so komplex, dass man mit einem Standardalgorithmus ewig bräuchte, um eine Lösung zu berechnen. Das gilt zum Beispiel für ein Programm zur Berechnung des jeweils besten Zuges beim Schach. Überlege mal, wie viele Möglichkeiten es gibt, in einer aktuellen Spielsituation einen Zug zu wählen. Entsprechend nutzt man hier Heuristiken wie im Kapitel 5, »Spielen«, eingeführt. Nun gibt es keine Garantie mehr, dass das Programm immer den besten Zug liefert.

» Wenn die Information, die benötigt wird, sehr komplex ist und nicht in einer einfachen Datenstruktur (wie einer Liste) gespeichert werden kann. Wenn dann die Verarbeitungsvorschrift nicht für jede Eingabe Schritt-für-Schritt im Voraus definiert werden kann, braucht es die KI. Das gilt zum Beispiel für ein Programm, das Anfragen über komplexes Wissen aus der Biologie beantworten kann. Hier nutzt man Methoden der wissensbasierten KI und speichert Informationen zum Beispiel in semantischen Netzen, über die dann Schlussfolgerungen gezogen werden können, wie in Kapitel 1, »Denken« eingeführt.

» Wenn ein Problem gar nicht so genau beschrieben werden kann, dass man dafür ein Programm schreiben kann. Das ist zum Beispiel bei der Erkennung von Objekten so. Es ist einfach unmöglich, ganz genau zu beschreiben, was alles gegeben sein muss, damit wir ein Objekt als Katze erkennen. Genau das fällt Menschen sehr leicht und Kinder lernen schon sehr früh, Objekte zu erkennen. Wenn es um sogenanntes implizites Wissen geht, können Methoden des maschinellen Lernens genutzt werden, wie sie im Kapitel 2, »Lernen«, eingeführt wurden. Hier wird die Verarbeitung von Eingaben in Ausgaben durch einen von Menschen programmierten Algorithmus (das V im EVA-Prinzip) durch ein aus Daten gelerntes Modell ersetzt.

KI ist nicht immer korrekt, aber trotzdem nützlich

Im Gegensatz zu Standardalgorithmen gilt, dass gelernte Modelle nie hundertprozentig korrekt sein können. Aber auch wenn KI-Systeme nicht fehlerfrei arbeiten, sind sie sehr nützlich. Beispielsweise liefert eine Suchmaschine (die auf einem KI-Algorithmus basiert) bei der Anfrage nach Bildern nicht nur zur Anfrage passende Bilder zurück. Fragt man etwa nach »Kätzchen auf rotem Sofa« wird man auch Bilder von Katzen gezeigt bekommen, die nicht auf einem Sofa liegen. Aber die Suchmaschine wird üblicherweise eine genügend große Auswahl passender Bilder zurückliefern. Entsprechend kann ein Bild aus dem Angebot ausgewählt werden und die unpassenden können ignoriert werden. In diesem Fall weiß der Mensch genau, welche Ausgaben erwünscht sind und kann unpassende Ausgaben, also fehlerhafte Antworten der Suchmaschine sicher erkennen und zurückweisen. Problematischer sind Anwendungen, bei denen menschliche Experten selbst nicht wissen, was die korrekte Antwort wäre. Aus diesem Grund sollten Dialogsysteme wie ChatGPT nicht dafür genutzt werden, um nach Fakten oder Erklärungen zu fragen, wenn man sich selbst nicht gut in dem Bereich auskennt.

Was unterscheidet menschliche und künstliche Intelligenz?

Häufig werden KI-Systemen Eigenschaften zugeschrieben, die wir mit menschlicher Intelligenz verbinden. Das führt dazu, dass wir KI-Systemen Eigenschaften zuschreiben, die sie gar nicht haben. Beschreiben wir einen Menschen als intelligent, meinen wir damit meist, dass er etwas besonders gut kann, was vielen Menschen schwerfällt. Spielt jemand Schach in der Bundesliga oder hat immer Einsen in Physik, sagen wir »Du musst aber intelligent sein«. Die Fähigkeiten sehr gut Katzen von Hunden zu unterscheiden oder die Spülmaschine einzuräumen, verbinden wir dagegen selten mit Intelligenz — obwohl gerade in solchen Bereichen häufig die größeren Herausforderungen für KI-Systeme liegen. Zudem gehen wir bei Intelligenz meist von einer allgemeinen Intelligenz aus – ein Mensch, der etwa mathematische Textaufgaben lösen kann, wird auch Hunde von Katzen unterscheiden können, einen Zeitungsartikel zusammenfassen oder eine Reise planen können. So kann man bei KI-Systemen leicht in die Falle gehen und vermuten, dass ein System, das etwa Tiere klassifizieren kann, auch alle möglichen anderen Objekte klassifizieren kann. Man unterstellt dem System, dass es vielleicht auch ganz andere Probleme lösen kann. Dies ist für KI-Systeme üblicherweise nicht der Fall. Gelernte Modelle sind typischerweise auf eine enge Anwendungsdomäne angepasst. Sie verfügen auch nicht über die den Menschen vorbehaltene Fähigkeit zur Selbstreflexion. Ist ein Modell für die Klassifikation von Tieren trainiert, wird es bei Eingabe des Bildes eines Kühlschranks vielleicht »Eisbär« ausgeben. Ein Mensch (der wirklich noch keinen Kühlschrank gesehen hat) würde sagen: »Was ist das? Das kenne ich noch nicht«.

Weitere Unterschiede zwischen menschlichem Lernen und maschinellem Lernen sind, dass menschliches Lernen üblicherweise Vorwissen miteinbezieht und dass wir fortwährend lernen. Die meisten Ansätze des maschinellen Lernens, lernen einmalig ein Modell aus einer Menge von Daten. Das heißt zum Beispiel, dass das System immer wieder neu lernen muss, dass Tiere Augen haben. Wir Menschen nutzen dieses einmal gelernte Wissen, wenn wir neue Dinge lernen. Außerdem passen wir das, was wir gelernt haben, dauernd aufgrund neuer Erfahrungen an und korrigieren und erweitern dadurch unser Wissen und Können.

Bei Systemen wie ChatGPT, das wir in Kapitel 3, »Sprechen & Schreiben«, vorgestellt haben, denken viele Menschen schnell, dass dieses KI-System auf ähnliche Art intelligent ist, wie Menschen. Denn wir können uns, wie mit Menschen auch, in natürlicher Sprache mit ChatGPT unterhalten. Wir bekommen sehr gut formulierte Antworten und denken schnell, wer so gut formulieren kann, weiß auch Bescheid, über das, was gesagt wird. Das ist aber, wie du jetzt ja schon weißt, nicht der Fall. ChatGPT basiert auf einem sehr großen neuronalen Netz und hat gelernt, wie man Worte aneinanderreiht. Die Texte, aus denen das Netz aufgebaut wurde, kommen aus allen möglichen Wissensbereichen, aber ChatGPT nutzt nur die Zeichenfolgen, es weiß nicht, worum es da geht. Manche Forschende bezeichnen ChatGPT deshalb als stochastischen Papageien – ein System, das sehr gut nachplappern kann, aber nicht versteht, was es sagt.

Soziale Roboter verführen uns schnell dazu, zu denken, der Roboter sei auf ähnliche Art intelligent wie wir Menschen. Wenn man einen sozialen Roboter kauft, dann kann er aber nur sehr einfache Dinge, die genau vorprogrammiert sind. Beispielsweise haben viele dieser Roboter einen Sensor oben auf dem Kopf. Wenn man den berührt, dann wird ein Programm aktiviert, das aus einer Menge möglicher Reaktionen eine auswählt. Der Roboter sagt dann zum Beispiel: »Ich bin kitzelig.« Da du das Kapitel 6, »Fühlen«, bereits gelesen hast, weißt du aber natürlich, dass ein Roboter wie zum Beispiel Pepper ja nicht wirklich kitzelig sein kann. Die Berührung löst ein Signal aus und daraufhin wird die Ausgabe generiert. Man kann die Funktionen von sozialen Robotern aber durch eigene Programme erweitern und damit auch intelligenter machen. Beispielsweise könnte man einen sozialen Roboter mit ChatGPT und einer Software, die geschriebene Sprache zu gesprochener umwandelt, ausstatten und dann eine Unterhaltung mit ihm führen. Oder man kann mittels maschinellen Lernens ein Modell trainieren, das bestimmte Gegenstände unterscheiden kann. Der Roboter könnte dann das Modell nutzen, um über seine Kameras bestimmte Objekte zu erkennen.

Verschiedene soziale Roboter – Generiert mit Ideogram.AI

Geschichte der KI

Wusstest du, dass KI die Menschen schon beschäftigt hat, bevor Computer überhaupt erfunden waren? Wir wollen dir ein paar spannende Geschichten zur KI erzählen. Warum? Weil ein Blick in die Geschichte zeigt, dass Menschen früher genauso wie heute bestimmte Fragen und Ängste der KI gegenüber hatten und haben. Wir finden es spannend zu sehen, was Menschen früher, erst noch ohne Computer und dann mit den ersten Computern, über KI gedacht haben. Überleg mal für dich: Welche Gedanken kannst du gut nachvollziehen?

KI vor der KI

Bereits in der Antike und im Mittelalter dachten Menschen darüber nach, wie es wäre, Konstruktionen zu schaffen, die menschlich wirkten und zum Beispiel das Denken und Handeln echter Menschen simulieren könnten. Der römische Dichter Ovid erzählt zum Beispiel die Geschichte vom Bildhauer Pygmalion, der eine

Elfenbeinstatue schuf, die er Galatea nannte. Da er sich in diese Statue verliebte, bat er die Göttin Venus darum, die Statue zum Leben zu erwecken. Kommt dir die Geschichte bekannt vor? Sie erinnert ein bisschen an die Geschichte von Frankenstein von Mary Shelley, die sie 1818 veröffentlichte. Dort erschafft der Wissenschaftler Dr. Frankenstein ein menschenähnliches Wesen, Frankensteins Monster.

Neben diesen Geschichten über leblose Objekte, die von Menschen geschaffen werden und denen dann Leben eingehaucht wird, probierten Menschen, lebendig wirkende Maschinen zu entwickeln. Früher nannte man diese Maschinen Automaten. Im 18. Jahrhundert waren die Menschen sehr fasziniert vom Schachtürken, wie er damals genannt wurde. Es handelte sich dabei um einen ==Schachautomaten==, der eine lebensgroße Figur eines Mannes darstellte, der in türkische Tracht gekleidet war und – Überraschung – Schach spielen konnte. Er konnte die Figuren auf einem Schachbrett bewegen und man konnte gegen ihn Schach spielen. Und sehr häufig gewann er. Das faszinierte die Menschen und ließ sie staunend zurück, weil sie sich nicht erklären konnte, wie eine Figur aus Holz und Metall wirklich denken konnte. Inzwischen ist das Rätsel gelöst: Im Inneren des Schachautomaten saß ein Mensch, der diesen steuerte. Der Automat selbst war gar nicht intelligent, sondern tat nur so.

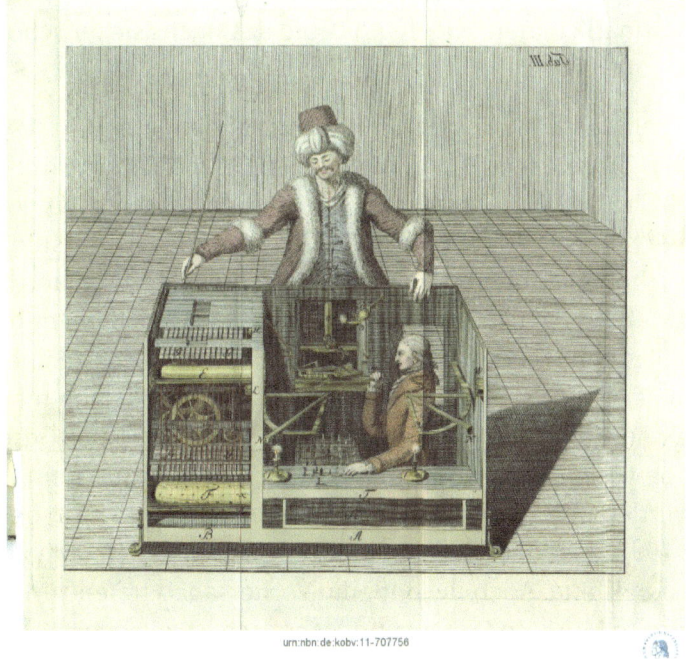

Bildquelle: Universitätsbibliothek der Humboldt-Universität zu Berlin - urn:nbn:de:kobv:11-707756

Was zeigt uns dieser kurze Blick in die Vergangenheit? Uns Menschen fasziniert die Vorstellung, Maschinen zu erschaffen, die selbst denken können. Und gleichzeitig ist es sehr schwer, wirklich denkende Maschinen zu entwickeln. Das bemerken wir auch heutzutage, wenn wir uns KI genauer anschauen: Auf den ersten Blick wirken diese Systeme sehr klug, aber wenn man genauer hinschaut, merkt man, dass sie noch sehr eingeschränkt sind. Aber schauen wir uns doch mal an, wie mit der Erfindung des Computers auch die Entwicklung der KI ins Rollen geriet.

Von Informatik- und KI-Pionieren

Informatik ist eine vergleichsweise junge Wissenschaft – Philosophie, Mathematik, Physik oder Medizin gibt es schon seit vielen hundert Jahren. Informatik entstand in den 1950er-Jahren. In dieser Zeit wurden die ersten Computer gebaut und bald war klar, dass es nützlich ist, wenn man diese programmieren kann. Es entstanden die ersten allgemeinen Programmiersprachen. Die Sprache Python gibt es seit 1991. Die ersten Informatikerinnen und Informatiker konnten das Fach natürlich noch nicht an der Uni studieren, sie hatten Mathematik oder Elektrotechnik studiert. Aus diesen beiden Fächern ist die Informatik entstanden. »Informatik hat genau so wenig mit Computern zu tun wie Astronomie mit Teleskopen«, sagt einer der bekanntesten Informatiker, Edsger W. Dijkstra. Den Kern der Informatik bilden, wie du im Laufe des Buchs sicher schon selber bemerkt hast, Algorithmen.

John McCarthy, den du bereits in der Einführung kennengelernt hast, war ein Zeitgenosse von Dijkstra. Er hat Mathematik studiert und gehörte mit zu den ersten Informatik-Professoren. Zusammen mit einigen Kollegen hat er 1956 das Forschungsgebiet Künstliche Intelligenz ins Leben gerufen. Die ersten KI-Forscher haben schon alle Themen bearbeitet, die du in diesem Buch kennengelernt hast. Damals herrschte, genauso wie heute auch, großer Optimismus, was die KI bald alles können würde. So hat der KI-Pionier Herbert Simon im Jahr 1958 prophezeit, dass KI-Systeme in zehn Jahren (also 1968) einen menschlichen Schachweltmeister besiegen, ein wichtiges mathematisches Gesetz entdecken und beweisen und Musikstücke von hohem ästhetischem Wert komponieren würden. Wie du in Kapitel 5, »Spielen«, erfahren hast, gelang es tatsächlich erst 1997, dass der Schachcomputer Deep Blue den damaligen Schachweltmeister schlug. Auch die anderen Vorhersagen trafen zunächst nicht ein. Ob KI-generierte Musik so kreativ und ästhetisch ist wie menschliche Kompositionen (denke nur an Beethovens »Für Elise« oder auch an deine

Lieblingsstücke aus der Popmusik) ist aktuell eher fraglich. Immer mehr Beweise in der Mathematik werden dagegen inzwischen mit Computerunterstützung geführt. Solche automatischen Beweissysteme enthalten KI-Methoden. Ein Beispiel ist der Vier-Farben-Satz, der besagt, dass vier Farben ausreichen, um die Länder einer Landkarte so zu färben, dass niemals zwei gleiche Farben aneinandergrenzen.

Die überzogenen Erwartungen an KI-Methoden haben immer wieder zu sogenannten KI-Wintern geführt. Nachdem die versprochenen Ergebnisse nicht erreicht wurden, nahm das Interesse an KI-Forschung immer wieder ab, und nur ein harter Kern von KI-Forschenden hat sich weiter mit dem Thema beschäftigt. So ging der Fortschritt dann von der Öffentlichkeit unbemerkt immer weiter, bis neue Methoden zu guten Ergebnissen führten und das Interesse an KI-Forschung wieder wuchs.

Wo steht KI jetzt?

Aktuell befinden wir uns in einer KI-Hype-Phase und wieder wird viel (vielleicht zu viel?) erwartet. Etwa 2010 begann der Siegeszug von Deep Learning. In Kapitel 2, »Lernen«, haben wir beispielhaft CNNs als spezielle neuronale Netze vorgestellt, die sehr gut für die Erkennung von Objekten auf Bildern funktionieren. Der nächste Durchbruch gelang dann im Jahr 2022 mit den großen Sprachmodellen, die durch ChatGPT Einzug in unser Leben hielten (wie in Kapitel 3, »Sprechen & Schreiben« vorgestellt). Große Sprachmodelle und Bildgeneratoren gehören zu den Ansätzen der generativen KI (wie in Kapitel 4, »Bilder generieren«, vorgestellt). Im Gegensatz zu Modellen, die ausgeben, was auf eine Eingabe zutrifft – sogenannten Klassifikationsmodellen – erzeugen (generieren) solche Modelle aus Eingaben (den Prompts) neue Ausgaben. Du hast gelernt, wie man sich mit Sprach-Befehlen Bilder erzeugen lassen kann. Diese neuen Ansätze eröffnen viele neue Anwendungsbereiche – KI könnte in der Medizin helfen, dass Krankheiten schneller und genauer erkannt werden. KI kann helfen, dass wir beim Anbau von Pflanzen weniger Chemie einsetzen müssen, weil wir genauer und schneller erkennen, ob beispielsweise ein Schädlingsbefall vorliegt. Generative KI entwickelt sich rasant weiter. Inzwischen gibt es sogenannte multi-modale Ansätze, bei denen Bilder, Texte und auch Videos generiert werden können. Auch die Generierung von sehr speziellen Dingen, wie Programmcode oder Moleküle, die bestimmte Anforderungen erfüllen, wird zunehmend interessant. Ob KI-Methoden auch in der Bildung hilfreich sein können, wird seit ChatGPT intensiv diskutiert.

Ein Blick in die Glaskugel

Trotz der großen Erfolge wird aber inzwischen immer deutlicher, dass KI-Systeme nicht ohne menschliche Kontrolle funktionieren können. Dazu müssen Menschen nachvollziehen können, warum ein KI-System eine bestimmte Ausgabe gemacht hat. Dieses neue Forschungsgebiet heißt »Erklärbare KI« (englisch *eXplainable AI*, kurz XAI). Hier werden Methoden entwickelt, die helfen, in die großen neuronalen Netze hineinzuschauen. Wir haben uns das in Kapitel 6, »Fühlen«, etwas genauer angeschaut. Dazu kommen neue Methoden des interaktiven maschinellen Lernens, die ermöglichen, dass Menschen gelernte Modelle gezielt verbessern. Auf diese Art kann die Stärke von maschinellem Lernen – nämlich schnell relevante Muster in großen Datenmengen zu finden – mit der Stärke menschlicher Intelligenz kombiniert werden. Menschen nutzen ihr Wissen über die Welt und Fachwissen, um fehlerhafte Ausgaben zu korrigieren. Ein weiteres aktuelles Forschungsgebiet befasst sich mit Methoden, wie man neuronale Netze mit explizitem Wissen kombinieren kann. So kann man beispielsweise Wissen über Biologie, wie wir es in Kapitel 1, »Denken«, betrachtet haben, als sogenannten Wissensgraphen nutzen, um damit generative KI zu steuern oder deren Ausgaben zu überprüfen.

Uneinigkeit besteht darüber, ob wir KI-Systeme entwickeln können, die so allgemein und flexibel sind wie wir Menschen – man spricht hier von *Allgemeiner Künstlicher Intelligenz* oder auf Englisch von *Artificial General Intelligence*. Manche Forschende prognostizieren, dass das etwa 2060 der Fall sein könnte. Manche Forschende glauben, dass es prinzipiell unmöglich ist, eine wirklich menschengleiche Intelligenz künstlich zu schaffen. Dagegen ist es durchaus möglich, dass KI-Methoden in speziellen Bereichen besser sind als Menschen – man spricht von *super-human intelligence*. Im Schach ist das schon eine Zeit lang der Fall. Aber wird ein Roboter irgendwann so gut Fußball spielen können wie die besten Menschen? Ein guter Trainer sein? Besser operieren als ein menschlicher Chirurg? Was glaubst du? Schreibe dir deine Erwartungen auf und schaue 2060 nach, ob sie eingetroffen sind.

Kapitel 8
KI selber programmieren mit Python

Auf die Plätze, fertig, Python!

Illustration: Zwei Personen sitzen vor ihrem Laptop – Generiert mit Ideogram.AI

Was haben Schlangen mit Computern zu tun? Zum Abschluss unserer KI-Reise wollen wir dir zeigen, was die Programmiersprache Python alles kann. Leider können wir dir nicht ausführlich zeigen, wie man in Python programmiert. Das Buch würde sonst aus allen Nähten platzen.

Daher konzentrieren wir uns auf die KI-Programme und gehen davon aus, dass du schon ein bisschen Erfahrung mit Python hast. Vielleicht hast du ja *Erste Schritte mit Python für Dummies Junior* oder *Python programmieren lernen für*

Dummies gelesen. Oder du hast ein Python-Tutorial im Internet durchgearbeitet (zum Beispiel https://cscircles.cemc.uwaterloo.ca/using-website-de/).

In diesem Kapitel werden wir wichtige Python-Grundlagen zusammenfassen, die wir in diesem Buch brauchen. Die meisten der Themen solltest du schon kennen. Wenn nicht, auch kein Problem. Dann lernst du in diesem Kapitel viel Neues.

Schnelleinstieg Python

Der Python-Editor IDLE

Die neueste Python-Version erhältst du immer auf der offiziellen Internetseite von Python: https://python.org. Dort kannst du die neueste Version auswählen und für deinen Computer herunterladen. Jetzt gerade – während wir dieses Buch schreiben – trägt die neueste Version die Nummer 3.12.3.

Der Download enthält immer auch die Python-Entwicklungsumgebung IDLE. Alle Beschreibungen in diesem Buch gehen davon aus, dass du IDLE verwendest. Wir wollen dir IDLE kurz vorstellen.

Wenn du IDLE startest, öffnet sich die Python-Shell. Die ersten Zeilen im Fenster enthalten Informationen zur verwendeten Python-Version und wie du verschiedene Hilfetexte aufrufen kannst.

```
IDLE Shell 3.12.3                                    —    □    ×
File  Edit  Shell  Debug  Options  Window  Help
    Python 3.12.3 (tags/v3.12.3:f6650f9, Apr  9 2024, 14:05:25)
    [MSC v.1938 64 bit (AMD64)] on win32
    Type "help", "copyright", "credits" or "license()" for more
    information.
>>> |
```

Wie du siehst, verwenden wir die Python-Version 3.12.3. Wichtig sind die drei Pfeile `>>>`. Sie zeigen an, dass du Befehle eingeben kannst, die dann sofort ausgeführt werden.

Ein neues, leeres Python-Dokument legst du am besten in IDLE an. Klicke in der Menüzeile auf File und wähle dann New File.

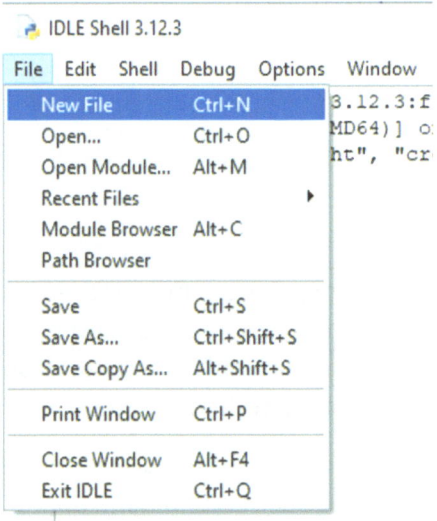

Wenn du ein Python-Dokument öffnen möchtest, klickst du in der Menüzeile auf File und wählst dann Open.

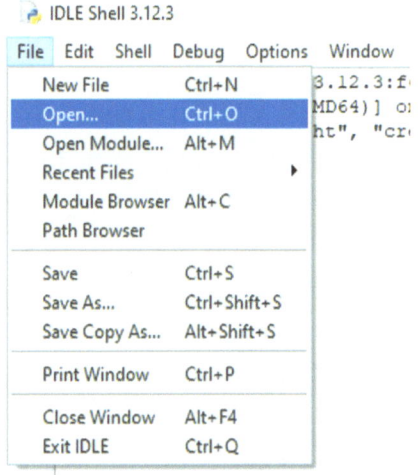

Ein neues Fenster öffnet sich, in dem du dann die Datei auswählen kannst. Schließlich klickst du auf Öffnen, um die Datei zu öffnen.

Alternativ kannst du die Datei auch in deinem Dateimanager (zum Beispiel Windows Explorer) suchen. Dort klickst du dann mit der rechten Maustaste auf den Dateinamen (bei uns ist es die Datei `denken.py`) und auf Edit with IDLE. Dann wählst du Edit with IDLE 3.12.

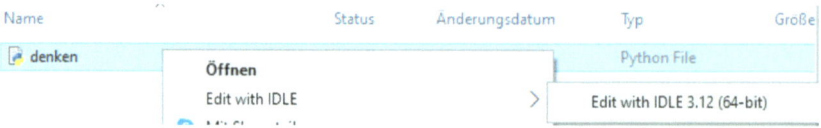

Wenn du ein Python-Dokument speichern möchtest – egal, ob du ein geöffnetes Dokument bearbeitet hast oder ein neues Dokument angelegt hast – klickst du in der Menüzeile auf File und dann auf Save (unter bisherigem Namen speichern) oder auf Save As (unter neuem Namen speichern).

Natürlich kannst du **dein Python-Programm auch gleich in der Shell ausführen**. Dazu klickst du in der Menüzeile auf Run und dann auf Run Module. Dann wird der Inhalt deines Dokuments ausgeführt.

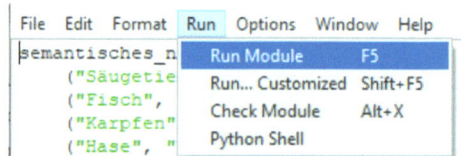

 *Normalerweise wird in deinem Programm oder in der Shell jede Anweisung ausgeführt. Manchmal möchtest du aber etwas in dein Programm schreiben, das nicht ausgeführt wird, beispielsweise eine Erklärung der verwendeten Befehle. Man nennt das im Allgemeinen Kommentar.*

Um in Python einen Kommentar zu schreiben, benutzt du das Raute-Zeichen #. Schreibe es einfach vor deine Anweisung und alles bis zum Ende dieser Zeile wird ignoriert.

```
>>> # Mein Kommentar
>>> a = a + 1   # a um eins erhöhen
```

Einfache Datentypen und Variablen

Du kannst in Python ganz leicht rechnen: Gib einfach einen Rechenausdruck in der Shell (oder in deinem Programm) ein.

```
>>> 13 - (2/25 - 6) / 16
13.37
```

Python kann mit ganzen Zahlen (integer oder kurz `int`) und Kommazahlen (`float`) umgehen, beherrscht die Grundrechenarten +, -, *, /, beachtet die »Punkt- vor-Strich-Rechnung«-Regel und versteht, was Klammern in Rechenausdrücken bedeuten.

Die Programmiersprache Python wird auf der ganzen Welt verwendet. Deshalb sind die Anweisungen in Englisch. Wir schreiben dir in diesem Kapitel immer die englischen Bezeichnungen in Klammern dazu, damit du leichter Informationen dazu im Internet finden kannst.

Eine andere Art von Daten, mit der Python umgehen kann, sind Zeichenketten aus Buchstaben, Ziffern und Sonderzeichen (string oder kurz `str`). Diese brauchst du oft, um Informationen auf dem Bildschirm auszugeben, zum Beispiel mit einer `print`-Anweisung.

```
>>> print("Willkommen! ")
Willkommen!
```

Zeichenketten schreibt man in Python innerhalb von Anführungszeichen. Man kann in Python auch ein bisschen mit Zeichenketten »rechnen«: Zwei Zeichenketten können addiert, also hintereinander gefügt werden, oder eine Zeichenkette kann multipliziert, also wiederholt werden.

```
>>>print("Herzlich " + "Willkommen! ")
Herzlich Willkommen!
>>>print(5 * "Hallo")
HalloHalloHalloHalloHallo
```

Schließlich gibt es in Python noch Wahrheitswerte (`bool`). Mit ihnen kann man ausdrücken, dass etwas zutrifft (`True`) oder nicht zutrifft (`False`).

Oftmals möchte man in Python einen Wert speichern, um ihn an anderer Stelle wieder zu verwenden. Man legt eine sogenannte *Variable* an. Um einer Variablen einen Wert zuzuweisen, verwenden wir das Gleichheitszeichen (`=`). Wenn der Wert der Variablen verwendet werden soll, schreiben wir einfach den Namen der Variablen.

```
>>> meine_Zahl = 3
>>> meine_Zeichenkette = "Hallo"
>>> 5*meine_Zahl
15
>>> print(meine_Zeichenkette)
Hallo
```

Variablennamen dürfen Buchstaben, Zahlen und Unterstriche enthalten, müssen aber mit einem Buchstaben oder einem Unterstrich beginnen. Leerzeichen sind in einem Variablennamen nicht erlaubt. Außerdem wird zwischen Groß- und Kleinschreibung unterschieden, `zahl` und `Zahl` sind zwei verschiedene Variablen.

Manche Computer haben Probleme mit Umlauten ä, ö, ü und auch mit ß. Daher sollte man diese Zeichen nicht in Variablennamen verwenden. Auch nicht als Großbuchstaben. Schreibe besser ae, oe, ue und ss.

Listen und Tupel

Gehören zwei Werte zusammen, kann man dafür in Python ein sogenanntes Paar verwenden. Beide Werte werden durch Klammern zusammengefasst und durch ein Komma getrennt.

```
>>> (1, 2)
(1, 2)
```

Es können auch mehr als zwei Werte zusammengefasst werden. Dazu werden alle Werte durch Kommas getrennt zwischen zwei Klammern notiert. Man spricht dann von einem Tupel.

Wenn man auf die Werte in einem Tupel zugreifen will, gibt es zwei Möglichkeiten:

Zum einen kann man die einzelnen Werte Variablen zuweisen. Anders als bei einer normalen Variablenzuweisung schreibt man dazu mehrere Variablennamen durch Kommas getrennt vor ein Gleichheitszeichen. Hinter dem Gleichheitszeichen steht dann das Tupel. Es müssen genau so viele Variablennamen vor dem Gleichheitszeichen stehen, wie Werte im Tupel sind. Du musst also wissen, wie viele Werte dein Tupel enthält.

```
>>> werte = ("a", "b", "c")
>>> wert1, wert2, wert3 = werte
>>> print(wert2)
b
```

Die zweite Möglichkeit, auf Werte in einem Tupel zuzugreifen, ist über die Position im Tupel. Dazu schreibst du einfach die Nummer der Position in eckigen Klammern direkt hinter das Tupel beziehungsweise die Variable, die das Tupel enthält. Aber Achtung: Python fängt bei 0 an zu zählen. Der erste Wert in einem

Tupel hat also die Positionsnummer 0. Der zweite Wert die Positionsnummer 1 und so weiter.

```
>>> (1, 2, 3)[0]
1
```

Eine andere Art, Werte zusammenzufassen, ist in einer Liste (`list`). Hier werden alle Werte durch Kommas getrennt in eckigen Klammern notiert. Die Werte in einer Liste nennt man auch die Elemente der Liste.

Auf die Elemente der Liste kannst du genauso zugreifen wie auf die Werte in einem Tupel. Entweder weist du die Elemente der richtigen Anzahl Variablen zu oder du greifst über die Positionsnummer auf ein Element zu. Auch bei Listen beginnt die Positionsnummer bei 0.

```
>>> werte = ["a", "b", "c"]
>>> wert1, wert2, wert3 = werte
>>> print(wert2)
b
>>> print(werte[1])
b
```

Aus einer Liste kannst du auch eine Teilliste erzeugen. Dazu schreibst du hinter die Liste in eckigen Klammern die Positionsnummer des ersten Elements, das in der Teilliste sein soll, einen Doppelpunkt und das erste Element, das nicht mehr in der Teilliste sein soll. Wir zeigen dir das mal an einem einfachen Beispiel:

```
>>> zahlen = [1,2,3,4,5]
>>> zahlen[2:4]
[3, 4]
```

Was ist passiert? Zuerst erzeugen wir eine Liste mit den Zahlen 1 bis 5 und weisen sie der Variablen zu. Dann erzeugen wir daraus eine Teilliste mit den Zahlen 3 und 4. Das dritte Element der Liste (Positionsnummer 2) wird zum ersten Element der Teilliste. Danach kommt das vierte Element (Positionsnummer 3). Das fünfte und letzte Element (Positionsnummer 4) kommt nicht mehr in die Teilliste.

Eine nützliche Anweisung für Listen ist `len` (kurz für Englisch *length*). Die Anweisung gibt die Länge der Liste, also die Anzahl ihrer Elemente zurück.

```
>>> len(["a", "b", "c"])
3
```

Bisher haben wir nur Listen und Tupel gesehen, die entweder nur Zahlen- oder nur Zeichenketten-Werte enthalten haben. Listen und Tupel können aber beliebige Werte enthalten – auch unterschiedliche Arten gleichzeitig. Listen können also beispielsweise auch Tupel als Elemente haben. Das wird dir in diesem Buch noch mehrfach begegnen.

```
>>> liste1 = ["Hallo", 2, 3, True]
>>> liste2 = [ [1,2,3], ["a", "b", "c"], (5, 6) ]
```

Bedingte Anweisungen

Beim Programmieren ist es häufig notwendig, eine Anweisung nur dann auszuführen, wenn eine bestimmte Bedingung zutrifft. Man nennt dies eine *bedingte Anweisung*. In Python heißt diese Anweisung `if`.

```
if Bedingung:
    Dann-Teil
```

Wenn die Bedingung im Wenn-Teil (englisch `if`) zutrifft, führt Python die Anweisung im Dann-Teil aus. Der Dann-Teil kann aus einer oder mehreren Zeilen bestehen. Deshalb musst du den Dann-Teil immer einrücken. Gib einfach mehrere Leerzeichen ein. Nur dann weiß Python, welche Zeilen zum Dann-Teil gehören sollen.

Die Bedingung besteht meist aus einem Vergleich. Python bietet hierfür die Vergleichsoperatoren `<` (kleiner als), `>` (größer als), `==` (gleich), `<=` (kleiner oder gleich) und `>=` (größer oder gleich). Für die Gleichheit verwenden wir in Python zwei Gleichheitszeichen, um den Vergleich von einer Zuweisung zu einer Variablen zu unterscheiden.

Das folgende Beispiel gibt die Zahl 1 in Buchstaben aus, wenn die Variable `zahl` den Wert 1 enthält.

```
>>> if zahl == 1:
        print("eins")
```

Die Bedingung kann aber auch komplizierter sein. Sie kann aus verschiedenen Teilbedingungen bestehen. Zwei Teilbedingungen müssen entweder beide zutreffen (`and`) oder mindestens eine von beiden muss zutreffen (`or`).

Wenn du mehr als zwei Teilbedingungen verwenden möchtest, solltest du sie durch Klammern gruppieren. Es ist auch möglich, eine Anweisung auszuführen, wenn eine (Teil-)Bedingung nicht erfüllt ist (not).

Die folgende Anweisung gibt beispielsweise ja aus, wenn der Wert von zahl zwischen 5 und 10 liegt oder andere_zahl nicht den gleichen Wert wie zahl enthält.

```
>>> if (zahl >= 5 and zahl <= 10) or not andere_zahl == zahl:
        print("ja")
```

Anstelle eines Vergleichs kann eine (Teil-)Bedingung auch einen Wahrheitswert, also True oder False, enthalten.

Die if-Anweisung kann durch einen Sonst-Teil (else) erweitert werden. Der Teil wird nur ausgeführt, wenn die Bedingung nicht zutrifft.

```
if Bedingung:
    Dann-Teil
else:
    Sonst-Teil
```

Zusätzlich kann eine if-Anweisung noch einen oder mehrere andernfalls-Teile enthalten (elif, eine Kombination aus else und if). Diese haben jeweils ihre eigene Bedingung und werden nur dann ausgeführt, wenn bisher keine andere Bedingung zugetroffen hat.

```
elif AndereBedingung:
    Andernfalls-Teil
```

Das folgende Beispiel gibt den Wert der Variablen zahl in Buchstaben aus. Zumindest falls der Wert zwischen 1 und 3 liegt.

```
>>> if zahl == 1:
        print("eins")
    elif zahl == 2:
        print("zwei")
    elif zahl == 3:
        print("drei")
    else:
        print("mehr als drei")
```

Anweisungen über mehrere Zeilen

Du kannst in Python Anweisungen nicht einfach so über mehrere Zeilen verteilen. Python nimmt nämlich nur bei einer geöffneten Klammer automatisch an, dass eine Anweisung auf der nächsten Zeile weitergehen soll.

Folgende Varianten sind in Ordnung (wenn auch nicht sehr übersichtlich):

```
>>> werte = [1,2,
        3,4]

>>> tupel = (1,2,3
        4,5)

>>> print("Eine Nachricht",
        "mit mehreren",
        "Teilen.")
```

Die folgenden Zeilen hingegen führen zu einer Fehlermeldung (`SyntaxError`):

```
>>> wert = 1 +
        2*5
        + 4
```

Python weiß einfach nicht, dass deine Anweisung über drei Zeilen verteilt ist. Das kannst du Python aber sagen. Wenn eine Zeile mit einem Backslash-Zeichen (\) endet, nimmt Python die nächste Zeile noch mit zu deiner Anweisung hinzu.

```
>>> wert = 1 + \
        2*5 \
        +4
```

Jetzt ist in der Variablen `wert` die Zahl 15 gespeichert (1 + 2 * 5 + 4).

Schleifen

Python bietet die Möglichkeit, Anweisungen mehrfach hintereinander auszuführen. Hierzu verwendet man eine sogenannte Schleife. Eine Schleifenart ist die sogenannte `while`-Schleife. Sie ist der bedingten Anweisung sehr ähnlich, weshalb sie auch *bedingte Schleife* genannt wird.

```
while Bedingung:
    Dann-Teil
```

Anders als bei der bedingten Anweisung wird der Dann-Teil nicht nur einmalig ausgeführt, wenn die Bedingung erfüllt ist, sondern immer wieder, solange die Bedingung erfüllt ist. Auch bei der `while`-Schleife musst du den Dann-Teil durch mehrere Leerzeichen einrücken, damit Python weiß, welche Zeilen zum Dann-Teil gehören.

Die `while`-Schleife führt den Dann-Teil so lange aus, wie die Bedingung erfüllt ist. Wenn das Ende des Dann-Teils erreicht ist, wird erneut überprüft, ob die Bedingung erfüllt ist. Falls ja, wird der Dann-Teil noch einmal ausgeführt.

Es ist also wichtig, dass im Dann-Teil eine Variable, die in der Bedingung verwendet wird, geändert wird oder – durch eine bedingte Anweisung – geändert werden könnte. Ansonsten wird die Bedingung immer zutreffen und der Dann-Teil wird immer wieder ausgeführt. Du musst also endlos warten, bis dein Programm fertig ist.

```
>>> x = 2
>>> while x < 100:
        print(x)
        x = 3 * x + 1

2
7
22
67
```

Neben der `while`-Schleife gibt es in Python noch eine zweite Schleifenart, die `for`-Schleife.

```
>>> for meine_zahl in range(3):
        print("Aktuell: ", meine_zahl)

Aktuell:  0
Aktuell:  1
Aktuell:  2
```

 *Denke daran, den Code in der* `for`*-Schleife gleichmäßig einzurücken, damit Python erkennt, was alles innerhalb der Schleife passieren soll.*

Mithilfe einer `for`-Schleife werden Anweisungen mehrfach ausgeführt. Du legst mit einer Variablen und einem sogenannten Wertebereich fest, wie oft die Anweisungen ausgeführt werden sollen. Der Variablen werden nacheinander alle Werte aus dem Wertebereich zugewiesen. Die Variable nennt man daher auch Zähler oder Zählervariable.

In unserem Beispiel heißt der Zähler `meine_zahl`, du kannst diesen Namen aber beliebig ändern. Die Anweisung `range (3)` legt fest, dass der Zähler mit ganzen Zahlen belegt werden soll. Und zwar beginnend bei der Null aufsteigend, solange die Zahl kleiner 3 ist. Man kann als Wertebereich auch eine Liste verwenden.

```
>>> for name in ["Thomas", "Martina", "Luisa"]:
        print("Hallo", name)

Hallo Thomas
Hallo Martina
Hallo Luisa
```

Du kannst auch eine `for`-Schleife mit mehreren Zählervariablen verwenden, die gleichzeitig verändert werden. Als Wertebereich musst du dann eine Liste von Tupeln verwenden. Achte darauf, dass alle Tupel die gleiche Anzahl an Werten haben.

```
>>> for x, y in [(2,3), (4,1), (5,2)]:
        print(x*y)

6
4
10
```

Diese Art von `for`-Schleife greift auf die Elemente eines Tupels so zu, wie du es weiter oben gelernt hast. Unser Beispiel ist deshalb nur eine verkürzte Variante von:

```
>>> for element in [(2,3), (4,1), (5,2)]:
        x, y = element
        print(x*y)
```

Funktionen

Du hast nun gelernt, wie man den gleichen Programmteil mehrfach hintereinander ausführen kann. Was macht man aber, wenn man denselben Programmteil an mehreren Stellen ausführen möchte? Man nutzt Funktionen. Eine *Funktion* gibt einem Programmteil einen Namen. Diesen kann man dann später verwenden, um den Programmteil auszuführen. Man nennt dies »die Funktion aufrufen«. Bevor du eine Funktion aufrufen kannst, musst du sie definieren (define oder kurz `def`):

```
>>> def rechne():
        print(5/3 + 2*4)
```

Wir haben uns hier eine Funktion mit dem Namen `rechne` definiert. Immer wenn wir jetzt `rechne()` ausführen, wird die Zahl 9.666666666666666 ausgegeben – das Ergebnis von `5/3 + 2*4`. Für die Namen von Funktionen gelten dieselben Regeln wie für die Namen von Variablen.

Unsere Beispielfunktion ist bisher wenig nützlich – es wird ja immer die gleiche Zahl ausgegeben. Viel nützlicher wäre die Funktion, wenn man ihr sagen könnte, mit welchen Zahlen sie rechnen soll. Das kann man mit sogenannten Parametern beim Funktionsaufruf machen. *Parameter* sind Werte, die in die Klammern hinter dem Funktionsnamen geschrieben werden. Damit die Funktion dann auch weiß, was sie mit den Parametern machen soll, musst du schon bei der Definition der Funktion entsprechende Variablen vorsehen.

```
>>> def rechne_neu(x,y):
        print(x/3 + 2*y)
```

Wir haben uns also eine neue Funktion `rechne_neu` definiert, die zwei Parameter erwartet. Immer wenn wir die Funktion aufrufen, müssen wir genau zwei Werte in die Klammern nach dem Funktionsnamen schreiben. Mit diesen Werten werden dann die Variablen x und y belegt.

```
>>> rechne_neu(5,4)
9.666666666666666
>>> rechne_neu(2,3)
6.666666666666667
>>> rechne_neu(9,1)
5.0
```

Unsere Funktion berechnet immer ein Ergebnis und schreibt dies in die Shell. Wir können mit dem Ergebnis aber nicht weiter rechnen! Wenn wir `rechne_neu(9,1) - 1` in der Shell eingeben, erhalten wir eine Fehlermeldung, nicht das erhoffte Ergebnis 4.0.

Um mit dem Ergebnis einer Funktion weiterarbeiten zu können, müssen wir das Ergebnis der Funktion zurückgeben. Hierfür gibt es die `return`-Anweisung.

```
>>> def plus_2(x):
        return x+2
```

Die Funktion `plus_2` addiert immer 2 zu ihrem Parameter und gibt das Ergebnis zurück. Wir können den Funktionsaufruf daher wie eine Variable verwenden:

```
>>> print(plus_2(4))
6
>>> print(plus_2(4) + 2)
8
>>> print(plus_2(plus_2(4)))
8
```

Die `return`-Anweisung arbeitet nicht nur mit Zahlen, sondern mit beliebigen Arten von Daten, zum Beispiel mit Zeichenketten.

```
>>> def hallo(name):
        return "Hallo " + name + "!"

>>> print(hallo("Julia"))
Hallo Julia!
```

Eine `return`-Anweisung beendet immer die aktuelle Funktion. Egal, was danach noch an Anweisungen steht oder ob die Anweisung innerhalb einer Schleife ist, die Funktion ist nach Ausführung der `return`-Anweisung zu Ende.

```
>>> def so_nicht(x):
        return 2*x
        print("Parameter:",x)

>>> print(so_nicht(3))
6
```

Module

Du weißt jetzt, wie du Funktionen schreiben kannst. Aber du musst nicht jedes Mal das Rad neu erfinden. Für viele einfache Aufgaben hat bereits jemand eine

Funktion geschrieben. Deine Python-Installation enthält schon einige Sammlungen mit solchen nützlichen Funktionen. So eine Sammlung nennt man *Modul*.

Wenn du die Funktionen in einem Modul nutzen willst, musst du das Modul zuerst in deinem Programm oder in der Shell bekannt machen. Man sagt dazu auch, das Modul importieren (`import`).

Beispielsweise könntest du das Modul `turtle` in der Shell importieren. Mithilfe dieses Moduls kannst du auf deinem Bildschirm zeichnen.

```
>>> import turtle
```

Wenn du nach dem Importieren die Funktionen aus dem Modul verwenden willst, schreibst du den Namen des Moduls, gefolgt von einem Punkt, gefolgt von dem Namen der Funktion.

```
>>> turtle.forward(50)
>>> turtle.left(120)
>>> turtle.forward(50)
>>> turtle.left(120)
>>> turtle.forward(50)
```

Du hast gerade ein kleines Dreieck auf dem Bildschirm gezeichnet.

Manchmal ist es zu viel Schreibarbeit, immer den Namen des Moduls zu wiederholen. Es gibt deshalb auch die Möglichkeit, direkt auf die Funktionen in einem Modul zuzugreifen.

Wir zeigen dir das am Beispiel des Moduls `random`, das Funktionen für Zufallszahlen enthält.

```
>>> from random import *
>>> randint(1,10)
1
>>> randint(1,10)
8
```

Wir haben zwei zufällige ganze Zahlen (englisch *random integer* oder kurz `randint`) zwischen 1 und 10 erzeugt. Bei dir werden vermutlich andere Zahlen herauskommen.

Wir werden in diesem Buch immer über den Namen des Moduls auf Funktionen in Modulen zugreifen. Dann kann man nämlich immer sehen, woher die Funktion kommt.

Klassen

Ähnlich wie Module Funktionen zusammenfassen, fassen *Klassen* Funktionen und Variablen zusammen. Zum Beispiel könntest du eine Klasse `Person` schreiben, die Speicherplatz für den Namen und das Alter einer Person vorsieht. Wenn du dann die Daten für eine konkrete Person speichern willst, erzeugst du ein *Objekt* der Klasse.

Das Objekt hat sogenannte *Attribute* (Name und Alter) und *Methoden*, das sind die Funktionen der Klasse. Wir können dir hier keine umfassende Einführung zu Klassen und Objekten – der sogenannten *objektorientierten Programmierung* – geben. Wir geben dir hier nur einen kurzen Überblick, wie wir Klassen in diesem Buch verwenden.

Wenn du mehr über Klassen wissen möchtest, könnte das Buch Python. Der Sprachkurs für Einsteiger und Individualisten *etwas für dich sein.*

Um ein Objekt einer Klasse zu erzeugen, verwendest du den Namen der Klasse wie einen Funktionsaufruf. Je nach Klasse erwartet die Funktion möglicherweise Parameter.

Nehmen wir an, wir möchten ein Objekt der Klasse `Person` erzeugen, wobei wir den Namen und das Alter der Person als Parameter übergeben müssen.

```
>>> jemand = Person("Sarah", 13)
```

Wir haben also ein Objekt der Klasse `Person` erzeugt und in der Variablen `jemand` gespeichert. Um nun auf ein Attribut oder eine Methode des Objekts zuzugreifen, nutzt du – wie bei Modulen – den Punkt als Namenstrenner.

```
>>> print(jemand.alter)
13
>>> jemand.hallo()
Hallo Sarah
```

Wir haben dir hier die Idee von Klassen und Objekten nur sehr kurz vorgestellt. In Python sind eigentlich alle Daten Objekte verschiedener Klassen. So gibt es die Klasse `list`*, die Listen darstellt, und* `[1,2,3]` *ist eigentlich ein Objekt dieser Klasse. Diese Klasse hat natürlich auch Methoden. So kann man beispielsweise mittels* `[1,2,3].append(4)` *die Zahl 4 als neues Element am Ende der Liste einfügen.*

Denken

Du hast dir das Kapitel 1, »Denken«, durchgelesen? Dann bist du hier richtig – du findest hier nun Code, um das Gelesene auszuprobieren. Viel Spaß!

Netze ohne Spinnen – dafür mit Knoten und Kanten

Das Schaubild zur Einteilung von Tieren das wir dir in Kapitel 1, »Denken«, gezeigt haben, ist aus Sicht der Informatik ein *semantisches Netz*. »Netz« deshalb, weil die Begriffe miteinander verbunden sind, wie zum Beispiel die Stationen im Streckennetz der Bahn. »Semantisch« deshalb, weil jedes Wort – Panda, Hund, Säugetier und so weiter – eine Bedeutung hat. Das Fachwort für Bedeutung heißt *Semantik*.

Bei einem semantischen Netz werden die Begriffe als *Knoten* und die Verbindungen dazwischen als *Kanten* bezeichnet. Ein solches Gebilde – egal ob Streckennetz oder semantisches Netz – heißt in der Informatik *Graph*.

Wenn wir nur »ist-ein«-Verbindungen haben, dann kann das semantische Netz ganz einfach auf dem Computer gespeichert werden. Wie das funktioniert, erklären wir dir jetzt:

1 Erstelle ein neues Python-Dokument.

Wie du ein Python-Dokument erstellen kannst, haben wir dir am Anfang dieses Kapitels gezeigt. Wir haben unser Python-Dokument denken.py genannt.

```
File Edit Format Run Options Window Help
semantisches_netz = [
    ("Säugetier", "Tier"),
    ("Fisch", "Tier")]
```

2 Schau dir mit uns die `semantisches_netz`-Liste in `denken.py` an.

» Jede Kante im Schaubild verbindet eine Tierart mit einer direkt übergeordneten Tierart. Diese Information kann man als Paar ausdrücken, zum Beispiel: `("Fisch", "Tier")`. Das heißt: »Ein Fisch ist ein Tier.«

Die runden Klammern im Python-Dokument packen die beiden Werte zusammen. Die Anführungszeichen sagen Python, dass es sich um Werte des Datentyps Zeichenkette handelt. Was eine Zeichenkette ist, kannst du weiter vorne in diesem Kapitel nachlesen.

> Alle Paare, die in einem semantischen Netz gegeben sind, kann man in einer Liste sammeln.

Mit so einer Liste von Paaren kann man beliebige Graphen speichern. Zum Beispiel kannst du ein U-Bahn-Netz als Liste von Paaren speichern, wobei hier die Werte direkt benachbarte Stationen sind.

Die Kanten im Schaubild zur Einteilung von Tieren haben eine Richtung: `("Säugetier", "Tier")` *sagt, dass jedes Säugetier ein Tier ist. Die umgekehrte Aussage – jedes Tier ist ein Säugetier – ist falsch, denn es gibt ja verschiedene Tierarten. Neben Säugetieren gibt es zum Beispiel noch Vögel oder Reptilien. Die Richtung haben wir im Schaubild durch Pfeile angezeigt.*

Bei den U-Bahn-Stationen braucht man beide Richtungen – man kommt direkt von Bahnhof Zoo zum Ernst-Reuter-Platz und umgekehrt auch! Das heißt, in der Liste müssen beide Richtungen vorkommen: `("Bahnhof Zoo", "Ernst-Reuter-Platz")` *und* `("Ernst-Reuter-Platz", "Bahnhof Zoo")`.

Wie du sicher schon festgestellt hast, fehlen in unserer Liste noch einige Tiere, um unser Beispiel aus dem Graphen vollständig abzubilden. Jetzt bist du gefragt! Ergänze die Liste mit den Tieren `Karpfen`, `Hase`, `Hund`, `Panda`, `Dackel`.

```
File  Edit  Format  Run  Options  Window
semantisches_netz = [
    ("Säugetier", "Tier"),
    ("Fisch", "Tier")]
```

3 Klicke mit der Maus an die Stelle nach dem letzten Beispiel in unserer Liste.

Dein Cursor sollte sich nun zwischen der schließenden runden Klammer `)` und der schließenden eckigen Klammer `]` befinden.

4 Füge nun den Karpfen in die Liste ein.

Die Richtung bleibt immer gleich, du gehst immer von unten nach oben vor. Schau dir noch mal das Schaubild mit unserem semantischen Netz an. Dort steht: »Ein Karpfen ist ein Fisch.« Dies sollst du nun in der Liste festhalten. Die wichtigen Begriffe sind Karpfen und Fisch. Probiere es einmal.

5 Setze ein Komma, nachdem du ein Paar hinzugefügt hast.

Damit weiß Python, dass ein neues Paar folgt.

Die Schritte 3 bis 5 führst du immer wieder durch, bis du alle Tiere aus dem Graphen ergänzt hast. Wenn du dir unsicher bist, ob du alles richtig gemacht hast, schau in den Codezeilen 1 bis 8 in unserer Datei `denken.py` nach. Dort findest du die Lösung.

Nicht vergessen: Nach dem letzten Paar in deiner Liste setzt du kein Komma mehr.

Semantische Netze in Python

Mit der Python-Liste `semantisches_netz` können wir unser semantisches Netz auf dem Computer speichern. Das heißt: Wir stecken einen Ausschnitt unseres menschlichen Wissens in den Computer! Aber bisher kann der Computer nichts mit dem Wissen anfangen. Jetzt wollen wir ihm das Denken beibringen.

Wissensfragen

Wir fangen ganz einfach an und lassen den Computer zunächst reine Wissensfragen beantworten. Wir fragen die Beziehungen ab, die er gespeichert hat. Das ist so, wie wenn deine Lehrer und Lehrerinnen auswendig gelerntes Wissen abfragen.

Der Computer soll nun also folgende Fragen beantworten:

» Ist ein Säugetier ein Tier? JA

» Ist ein Fisch ein Karpfen? NEIN

1 Definiere die Funktion wissen_ist_ein.

```
# Überprüft, ob ein A ein B ist.
# Kann keine Schlüsse ziehen.
def wissen_ist_ein(A, B): ❶
```

Eine Definition beginnt mit `def`. Danach folgt der Name der Funktion. Bei uns lautet der Name `wissen_ist_ein`. Wir nennen diese Funktion so, weil wir mit der Funktion das Wissen abfragen wollen, das als Verbindungen »ist ein« in unserem semantischen Netz vorliegt (von einem viereckigen Kästchen zum nächsten). Nach dem Namen der Funktion werden in Klammern zwei Variablennamen angegeben. Wenn du die Funktion später aufrufst, musst du der Funktion zwei Parameter (zum Beispiel zwei Strings) mitgeben, damit sie ausgeführt wird.

2 Nun füge eine bedingte Anweisung (`if`) ein.

```
def wissen_ist_ein(A, B):
  ❷ if (A, B) in semantisches_netz:
        return "ja"
     return "nein" ❸
```

Mit der Bedingung der `if`-Anweisung wird abgefragt, ob die beiden Strings, die du der Funktion mitgegeben hast, in deiner Liste `semantisches_netz` als Paar vorhanden sind.

3 Füge den Rückgabewert `"ja"` und `"nein"` ein.

Wenn die beiden Strings als Paar vorhanden sind, gibt die Funktion `"ja"` zurück. Wenn die beiden Strings nicht als Paar in der Liste vorhanden sind, gibt die Funktion `"nein"` zurück.

Wenn wir die Funktion `wissen_ist_ein` nun mit `("Säugetier", "Tier")` aufrufen, ist die Bedingung »`(A, B)` kommt in der Liste `semantisches_netz` vor« wahr. Also liefert die Funktion den Wert `"ja"` zurück.

Für `wissen_ist_ein("Fisch", "Karpfen")` trifft die Bedingung nicht zu. Dieses Paar kommt in der Liste nicht vor, also liefert die Funktion die Antwort `"nein"`.

Das hätten wir also. Wissensfragen kann der Computer beantworten.

A und B sind Variablen, die beim Aufruf der Funktion durch die Werte in den Klammern ersetzt werden, also A durch `"Dackel"` *und B durch* `"Hund"`.

Zum Nachschauen: Den Code dazu findest du in der Python-Datei `denken.py` in den Zeilen 12 bis 15.

Schlussfolgern

Dein Programm soll als Nächstes so gestaltet werden, dass es schlussfolgern kann. Dein Programm soll auch die Frage »Ist ein Dackel ein Säugetier?« mit

»Ja« beantworten. Das Paar ("Dackel", "Säugetier") steht aber nicht in deiner Liste.

Wir müssen dem Programm also beibringen, »Ja« zu sagen, wenn das Paar in der Liste steht ODER wenn beide Tiere über zwei Kanten verbunden sind.

1 Definiere die Funktion schlussfolgern_ist_ein.

```python
# Überprüft, ob ein A ein B ist.
# Kann schlussfolgern, dass ein A ein B ist, wenn ein
# A ein C ist und dieses C wiederum ein B ist.
def schlussfolgern_ist_ein(A, B):  ❶
```

2 Füge eine for-Schleife ein.

```python
def schlussfolgern_ist_ein(A, B):
  ❷ for VielleichtA, EtwasAnderes in semantisches_netz:
      ❸ if VielleichtA == A:
          ❹ if EtwasAnderes == B:
              return "ja"
          ❺ elif schlussfolgern_ist_ein(EtwasAnderes, B) == "ja":
              ❻ return "ja"
  ❻ return "nein"
```

Mit dieser `for`-Schleife belegst du die Zählervariablen `VielleichtA` und `EtwasAnderes` nach und nach mit den Paaren aus deinem semantischen Netz. Dabei steht der erste Wert des Paares immer in `VielleichtA` und der zweite Wert immer in `EtwasAnderes`.

3 Füge die erste if-Anweisung ein.

Mit der `if`-Bedingung schaust du, ob `VielleichtA` aus der Liste mit `A` übereinstimmt. Wenn dies der Fall ist, wird die nächste `if`-Bedingung abgefragt, die du aber noch einfügen musst.

4 Füge die zweite if-Anweisung ein.

Wenn `A` in der `semantisches_netz`-Liste ist, muss jetzt noch kontrolliert werden, ob `EtwasAnderes` aus der Liste mit `B` übereinstimmt. Wenn auch dies zutrifft, gibt deine Funktion `"ja"` zurück. Deine Funktion sagt also `"ja"`, wenn das Paar in der Liste steht. Was aber, wenn das Paar nicht in der Liste steht, aber über zwei Kanten verbunden ist. Dafür brauchst du einen weiteren Fall in deiner zweiten `if`-Anweisung.

5 Füge für die zweite `if`-Anweisung ein `elif` ein.

Hier rufst du nun die Funktion `schlussfolgern_ist_ein` wieder auf. Diesmal übergibst du aber `EtwasAnderes` und `B`. Damit startet der Ablauf der Funktion noch einmal, nur diesmal mit deinen neu übergebenen Strings. Wenn diese Funktion abgearbeitet ist und `"ja"` zurückgibt, dann gibt deine Funktion auch `"ja"` zurück.

6 Füge einen Rückgabewert für `"nein"` ein.

Wenn in deiner Funktion die `for`-Schleife komplett abgearbeitet wurde und nicht `"ja"` zurückgegeben worden ist, gib `"nein"` zurück.

Zum Nachschauen: Den Code findest du in der Python-Datei `denken.py` in den Zeilen 17 bis 27.

Wie schreibt man noch mal `if`- und `elif`-Bedingungen? Schau dir noch mal die Informationen zu bedingten Anweisungen am Anfang dieses Kapitels an.

Schritt 5 in der Anleitung ist nicht einfach. Hier wird nämlich eine Rekursion ausgeführt. Bei einer Rekursion wird in der Funktion dieselbe Funktion noch mal ausgeführt. In unserem Code rufen wir `schlussfolgern_ist_ein` *auf, während die Funktion* `schlussfolgern_ist_ein` *noch gar nicht beendet ist.*

Wenn man in einem Programm gleiche Dinge mehrmals machen will, kann man das zum Beispiel mit einer Schleife erledigen. Du kennst schon die `for`-*Schleife. Typisch ist hier eine Zählvariable, zum Beispiel:*

```
for i in range(1,5):
    print(i)
```

Dieses kleine Programm gibt der Reihe nach die Werte 1, 2, 3, 4 aus. Die Abarbeitung startet mit dem ersten Wert im `range` *und endet vor dem letzten.*

In unserem Beispiel eines semantischen Netzes wird stattdessen ein Variablenpaar (`VielleichtA`, `EtwasAnderes`) verwendet. Die Werte werden der Reihenfolge nach aus der Liste `semantisches_netz` *geholt. Die Abarbeitung endet, wenn man am Ende der Liste angekommen ist.*

Neben der `for`*-Schleife gibt es auch eine* `while`*-Schleife (siehe Kapitel XY). Schleifen werden mit dem Fachwort* Iteration *bezeichnet. Das kommt vom lateinischen Verb »iterare« und heißt wiederholen.*

Probiere dein Programm doch mal aus. Führe dein Python-Dokument in der Shell aus, indem du in der Menüzeile auf Run und dann auf Run Module klickst.

Dann kannst du die von dir definierten Funktionen aufrufen. Probiere doch zum Beispiel `wissen_ist_ein("Karpfen", "Fisch")` oder `schlussfolgern_ist_ein("Dackel", "Tier")`.

Darf's ein bisschen komplizierter werden?

Du hast in Python zunächst ein sehr einfaches semantisches Netz programmiert. Das kannst du natürlich erweitern. Wie das geht, zeigen wir dir jetzt:

Schau dir die Liste semantisches_netz in Python an, die du bereits geschrieben hast. Sie stellt das Schaubild vom Anfang des ersten Kapitels dar.

```
semantisches_netz = [
    ("Säugetier", "Tier"),
    ("Fisch", "Tier"),
    ("Karpfen", "Fisch"),
    ("Hase", "Säugetier"),
    ("Hund", "Säugetier"),
    ("Dackel", "Hund"),
    ("Panda", "Säugetier")]
```

Du kannst das semantische Netz nun um weitere Begriffspaare erweitern.

In dem Schaubild würdest du weitere blaue Kästchen einfügen. Auf welcher Ebene du Kästchen einfügst, ist dir überlassen. Du kannst zum Beispiel noch weitere Hundearten auf der Ebene einfügen, auf der bereits »Dackel« steht. Du kannst aber auch eine Ebene darüber noch weitere Säugetiere einfügen. Oder Vögel. Wie das in Python geht, zeigen wir dir jetzt in einem Beispiel.

1 **Füge das Paar** `("Vogel", "Tier")` **ein.**

   Nun enthält dein semantisches Netz nicht nur Säugetiere und Fische, sondern auch Vögel.

2 **Füge das Paar** `("Amsel", "Vogel")` **ein.**

   Jetzt ist in deinem semantischen Netz nicht nur die Ebene `"Vogel"`, sondern auch eine Vogelart, die `"Amsel"`, vorhanden.

Das war jetzt nur ein Beispiel, wie du dein semantisches Netz erweitern kannst. Dir fallen bestimmt noch andere Tiere ein.

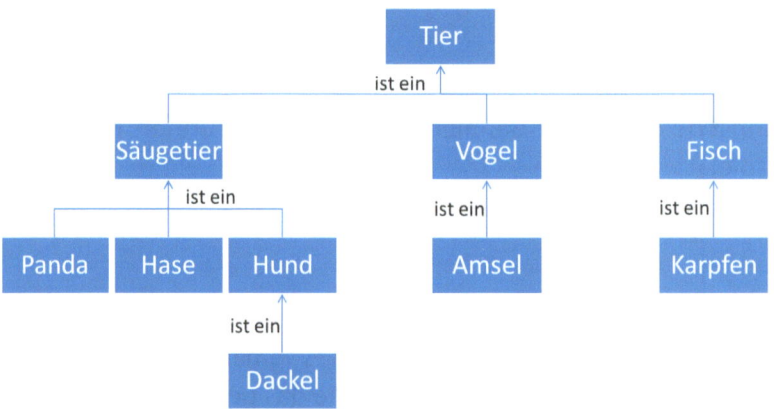

Natürlich kannst du unser Netz auch als Vorlage für andere semantische Netze nehmen, die von ihrer Struktur her ähnlich sind. Versuche doch mal ein semantisches Netz mit Automarken oder mit deinen Lieblingsstars aus Musik, Serien und Filmen zu erstellen.

 *Es ist gar nicht so einfach, von der Grafik eines semantischen Netzes zu einer Liste in Python zu kommen. Zeichne dir am besten das semantische Netz erst auf, das du in Python programmieren möchtest.*

Lernen

Nachdem du dir das Kapitel 2, »Lernen«, durchgelesen hast, wollen wir nun ein Perzeptron programmieren. In unserem Programm soll ein kleiner Roboter lernen, in welchem Paket sich ein Geschenk befindet.

Pakete wahrnehmen

Als Erstes sorgen wir dafür, dass unser Programm die Pakete, deren Inhalt wir kennen, wahrnehmen kann.

1 Erstelle ein neues Python-Dokument.

Wie du ein Python-Dokument erstellen kannst, haben wir dir bereits gezeigt. Wir haben unser Python-Dokument perzeptron.py genannt.

```python
# Pakete zum Lernen
lern_pakete = [
    (4, 3, "nein"),
    (1, 2, "ja"),
    (2, 1, "nein"),
    (4, 4, "ja"),
    (3, 2, "nein")]

# Anfängliche Wichtigkeiten
wichtigkeit_helligkeit = 1
wichtigkeit_groesse = 1
```

2 Erstelle eine Paketliste und füge die Werte aus der Tabelle ein.

Wir schreiben die Pakete, aus denen das Perzeptron lernen soll, als Liste auf. Die Werte jedes einzelnen Pakets packen wir in ein Tupel, ähnlich wie im Dokument denken.py aus Kapitel XY. Zuerst kommt der Wert für die Helligkeit, dann der für die Größe und schließlich ein "ja" oder "nein", je nachdem, ob das Paket ein Geschenk enthält.

Ob das Paket ein Geschenk enthält, muss unser Perzeptron wissen, um lernen zu können. Wir müssen es ihm deshalb mitteilen.

3 Lege die anfänglichen Wichtigkeiten an.

Für die Wichtigkeit der Eigenschaften legen wir Variablen an. Wir geben zunächst anfängliche Wichtigkeiten vor, die das Perzeptron dann im Laufe der Zeit anpassen wird. Der Roboter soll damit starten, dass er beide Eigenschaften ein bisschen wichtig findet. Wir setzen beide Wichtigkeiten auf 1.

Gib den Variablen keine Namen, die Umlaute (ä, ö oder ü) oder ß enthalten.

Wir haben die Wichtigkeiten für den Anfang festgesetzt und die Pakete hinzugefügt. Jetzt muss unser Perzeptron etwas damit tun.

Das Perzeptron lernt aus Fehlern

Wir sind in Kapitel 2, »Lernen«, darauf eingegangen, wie ein Perzeptron mithilfe von Fehlern lernt. All die Bausteine, die wir im Kapitel Schritt für Schritt mit dir entwickelt haben, wollen wir jetzt in Python zu einem Programm zusammensetzen.

```python
❶ durchlauf = 0
  fehler = True ❷

❸ # Wiederhole bis alles richtig gelernt wurde
  # aber maximal 5 Durchläufe
  while fehler and durchlauf < 5:
      durchlauf = durchlauf + 1  ❹
  ❺ fehler = False

      ❻ # Schleife über alle Lernpakete
      for paket in lern_pakete:
          # Paket entpacken
          helligkeit, groesse, geschenk = paket ❼

          ❽ # Berechnung der Gesamtwichtigkeit
          wert1 = helligkeit * wichtigkeit_helligkeit
          wert2 = groesse * wichtigkeit_groesse
          gesamtwichtigkeit = wert1 + wert2

          ❾ # Entscheidung
          if gesamtwichtigkeit >= 0:
              geschenk_erwartet = "ja"
          else:
              geschenk_erwartet = "nein"

          ❿ # Wichtigkeiten anpassen
          if geschenk_erwartet == "ja" \
              and geschenk == "nein":
                  wichtigkeit_helligkeit = \
                      wichtigkeit_helligkeit - helligkeit
                  wichtigkeit_groesse    = \
                      wichtigkeit_groesse - groesse
                  fehler = True
          ⓫ if geschenk_erwartet == "nein" \
              and geschenk == "ja":
                  wichtigkeit_helligkeit = \
                      wichtigkeit_helligkeit + helligkeit
                  wichtigkeit_groesse    = \
                      wichtigkeit_groesse + groesse
                  fehler = True
```

1 Lege die Variable `durchlauf` an.

Wie oft das Perzeptron schon alle Pakete angeschaut hat, speichern wir in der Variablen `durchlauf`. Vor der `while`-Schleife hat unser Perzeptron sich die Pakete noch nicht angeschaut, daher setzen wir `durchlauf` zu Beginn auf `0`.

2 Lege die Variable `fehler` an.

Ob das Perzeptron im aktuellen Durchlauf einen Fehler gemacht hat, wollen wir in der Variablen `fehler` speichern. Wir nehmen am Anfang an, dass das Perzeptron fehlerhaft ist. Andernfalls müsste es ja gar nicht lernen. Darum setzen wir `fehler` auf `True`.

3 Füge eine `while`-Schleife ein.

Solange das Perzeptron Fehler macht und sich die Pakete noch nicht mindestens fünfmal angeschaut hat, soll das Perzeptron weiterlernen, also noch mal alle Pakete anschauen.

4 Erhöhe die Variable `durchlauf` um 1.

Jedes Mal, wenn unser Perzeptron die `while`-Schleife betritt, startet ein neuer Durchlauf.

5 Setze `fehler` auf `False`.

Wir wollen jeden Durchlauf optimistisch starten: Wir nehmen an, dass unser Perzeptron diesmal keinen Fehler macht. Deswegen setzt du `fehler` auf `False`.

6 Füge eine `for`-Schleife ein.

In der `for`-Schleife wird die Variable `paket` nach und nach mit den Werten der einzelnen Pakete aus der Liste `lern_pakete` belegt. Zuerst also mit `(4,3,"nein")`.

7 Entpacke die Werte für das Paket.

Die Werte des Pakets, die in einem Tupel notiert sind, werden dann wieder einzeln in die Werte für die Helligkeit, für die Größe und für den Wert, ob das Paket ein Geschenk enthält, unterteilt. Für das erste Paket ist `helligkeit` 4, `groesse` 3 und `geschenk` "nein".

8 Berechne die Gesamtwichtigkeit.

Zuerst musst du die Werte und die Wichtigkeiten multiplizieren und dann die beiden Ergebnisse zusammenzählen.

9 Füge den Code für die Entscheidung ein.

10 Verändere die Wichtigkeiten, wenn ein Geschenk erwartet wird, aber keines im Paket ist.

Zuerst musst du überprüfen, ob das Perzeptron ein Geschenk erwartet hat und ob wirklich keines im Paket ist. Das machst du mit einer bedingten Anweisung (`if`). Wenn beides der Fall ist, änderst du die Wichtigkeit wie oben beschrieben. Weil das Perzeptron einen Fehler gemacht hat, setzt du die Variable `fehler` auf `True`.

11 Verändere die Wichtigkeiten, wenn kein Geschenk erwartet wird, aber eines im Paket ist.

Auch hier musst du zuerst mit einer bedingten Anweisung überprüfen, ob das Perzeptron kein Geschenk erwartet, obwohl tatsächlich eines im Paket ist. Wenn das der Fall ist, änderst du ebenfalls die Wichtigkeiten und setzt die Variable `fehler` auf `True`.

Wir haben das Backslash-Zeichen (\) verwendet, um Anweisungen über mehrere Zeilen laufen zu lassen und unseren Code etwas übersichtlicher zu machen.

Testen des Perzeptrons

So, nun hat unser kleiner Roboter also gelernt, in welcher Art von Paketen sich Geschenke befinden. Oder? Wir sollten das mal prüfen.

Dazu geben wir unserem Programm die vier Pakete, die du dir auch schon angeschaut hast und bei denen du geraten hast, ob sie ein Geschenk enthalten oder nicht. Diese Testpakete beschreiben wir für das Perzeptron und fragen es dann, was es für die Pakete erwartet.

Testpaket	Helligkeit	Größe	Geschenk
Testpaket 1	5	3	Nein
Testpaket 2	1	4	Ja
Testpaket 3	4	1	Nein
Testpaket 4	1	3	Ja

Jetzt erhält das Perzeptron also Pakete, die aus anderen Kombinationen von Größe und Helligkeit bestehen als die, mit denen es gelernt hat. Wir sind gespannt, was es bei dem sehr hellen und großen Paket (Testpaket 2) vermutet. Ob es dasselbe denkt wie du vorher?

1 Lege eine Liste mit Testpaketen an.

```
# Pakete zum Testen
test_pakete = [
    (5, 3),
❶  (1, 4),
    (4, 1),
    (1, 3)]

# Schleife über alle Testpakete
for paket in test_pakete:  ❷
    # Paket entpacken
    helligkeit, groesse = paket

    # Berechnung der Gesamtwichtigkeit
❸  wert1 = helligkeit * wichtigkeit_helligkeit
    wert2 = groesse * wichtigkeit_groesse
    gesamtwichtigkeit = wert1 + wert2

    # Entscheidung
    if gesamtwichtigkeit >= 0:
❹      geschenk_erwartet = "ja"
    else:
        geschenk_erwartet = "nein"

❺  print(geschenk_erwartet)
```

Die Werte für die Testpakete sind natürlich andere als die von den Lernpaketen. Beachte bitte auch, dass wir dem Perzeptron nicht mehr sagen, ob in den Paketen ein Geschenk ist oder nicht. Das Perzeptron soll ja jetzt auch nicht mehr lernen, sondern zeigen, was es kann.

2 Erstelle eine `for`-Schleife, um durch alle `test_pakete` zu laufen.

3 Berechne die Gesamtwichtigkeit.

4 Füge den Code für die Entscheidung ein.

5 Füge einen `print`-Befehl ein.

Mit dem `print`-Befehl lässt du dir anzeigen, ob das Programm in diesem Paket ein Geschenk erwartet (`"ja"`) oder nicht (`"nein"`).

6 Führe dein Perzeptron aus.

Klicke dazu wieder in der Menüzeile auf Run, dann auf Run Module. Dein Programm wird wie immer von oben nach unten ausgeführt. Du siehst sofort die Entscheidungen deines Perzeptrons zu den vier Testpaketen.

 Wir haben dir gezeigt, wie ein Computer oder Roboter mithilfe eines Perzeptrons lernen kann. Unsere Aufgaben waren dabei noch recht einfach. Damit ein Computer zum Beispiel Autos auf der Straße erkennen oder ein Spiel spielen kann, braucht er ganz viele Neuronen. Diese Neuronen werden in Schichten angelegt. Netze mit vielen Schichten von Neuronen nennt man »tiefe neuronale Netze« oder auf Englisch Deep Learning Networks.

Schwierigere Paketprobleme

Nachdem wir in Kapitel 2, »Lernen«, Pakete mit zwei Merkmalen (Größe und Helligkeit) betrachtet haben, sind wir auf schwierigere Paketprobleme eingegangen. Es gibt nämlich jede Menge Probleme, bei denen mehr Merkmale eine Rolle spielen. Nun zeigen wir dir, wie du dein Perzeptron-Programm so erweiterst, dass es mit drei Merkmalen umgehen kann.

Zunächst musst du eine weitere Wichtigkeit hinzufügen und deine Liste mit den Lernpaketen anpassen, da fehlt ja das dritte Merkmal noch.

1 **Speichere dein Dokument unter einem neuen Namen.**

Du möchtest schließlich nicht, dass der alte Code, den du mühsam geschrieben hast, verloren geht. Wir haben unsere Datei `perzeptron_drei_eigenschaften.py` genannt.

2 **Füge den Wert für die Smileys in der Liste `lern_pakete` ein.**

```
# Pakete zum Lernen
lern_pakete = [
    (4, 3, 1, "nein"),
    (1, 2, 3, "ja"),
 ❷  (2, 1, 2, "nein"),
    (4, 4, 3, "ja"),
    (3, 2, 3, "nein")]

# Anfängliche Wichtigkeiten
wichtigkeit_helligkeit = 1
wichtigkeit_groesse = 1
wichtigkeit_smiley = 1   ❸
```

Füge die Werte bei jedem Lernbeispiel <mark>nach dem zweiten Komma ein</mark>. So steht die Information, ob ein Geschenk enthalten ist, immer noch an letzter Stelle. Du kannst dich an der Tabelle weiter vorn orientieren.

3 **Füge eine Variable für die Wichtigkeit des Smileys hinzu.**

Auch die dritte Wichtigkeit setzen wir am Anfang auf `1`, Smileys sollen etwas wichtig sein.

So, geschafft. Nun musst du natürlich auch noch den restlichen Code anpassen. Das heißt, du musst überall, wo etwas mit den Werten oder den Wichtigkeiten gemacht wird, den dritten Wert (`smiley`) und die dritte Wichtigkeit (`wichtigkeit_smiley`) berücksichtigen.

==Auch bei den Testpaketen musst du Werte für die Smiley-Eigenschaft ergänzen.==

Du findest den Code zu dieser Erweiterung in der Datei `perceptron_drei_eigenschaften.py` auf der Webseite des Verlags: www.wiley-vch.de/ISBN 97835277218872

Vergleiche den Code für drei Eigenschaften Zeile für Zeile mit dem Code für zwei Eigenschaften. So findest du am schnellsten heraus, wo überall die dritte Eigenschaft ergänzt wurde und die dritte Wichtigkeit zum Einsatz kommt.

Du findest neuronale Netze spannend und würdest auch gerne mal ein eigenes tiefes neuronales Netz programmieren? Heutzutage nutzt man hierfür Python Frameworks, die zahlreiche Funktionen mitbringen, sodass man nicht bei Null anfangen muss. Die zwei bekanntesten sind PyTorch und Tensorflow. Es gibt eine Vielzahl von Tutorials online, mit denen du Schritt für Schritt dein eigenes tiefes neuronales Netz trainieren kannst – zum Beispiel, um handgeschriebene Zahlen zu erkennen.

Entscheidungsbäume in Python

In Kapitel 2, »Lernen«, haben wir dir nicht nur vom Perzeptron erzählt, sondern auch von Entscheidungsbäumen und dem Algorithmus CAL2. Der Lernalgorithmus für CAL2 ist ein bisschen komplizierter in der Programmierung als das Perzeptron. Deshalb haben wir schon einige Programmteile vorbereitet, die man braucht, um mit Bäumen umzugehen: Im Modul `entscheidungsbaum` haben wir die Klasse `Knoten` geschrieben. Sie hilft dir, deinen Baum zu bauen und durch den Baum zu wandern. Außerdem enthält das Modul noch ein paar nützliche Hilfsfunktionen. Du findest das Modul in der Datei `entscheidungsbaum.py` auf der Webseite des Verlags:

www.wiley-vch.de/ISBN 9783527721887.

Wir wollen dir nun Schritt für Schritt den Entscheidungsbaum-Code erklären: Wir haben unsere Datei nach dem Namen des Algorithmus `cal2.py` genannt.

Als Erstes importieren wir unser Modul `entscheidungsbaum` und sagen unserem Algorithmus, mit welchen Merkmalen wir die Pakete beschreiben. Dazu verwenden wir eine Liste, in der immer der Name des Merkmals (zum Beispiel `Helligkeit`) und die möglichen Werte (`sehr dunkel` und `eher hell`) zusammengefasst sind.

```python
import entscheidungsbaum

# Beschreibung der Merkmale
merkmale = [
    ("Helligkeit", ["sehr dunkel", "eher hell"]),
    ("Größe", ["eher klein", "eher groß"])
    ]
```

Danach geht es ähnlich weiter wie beim Perzeptron: Zuerst schreiben wir die Pakete, aus denen der Entscheidungsbaum gelernt werden soll, in der Liste lern_pakete auf. Allerdings verwenden wir keine Zahlen als Werte, sondern Zeichenketten.

```python
# Pakete zum Lernen
lern_pakete = [
    ("eher hell", "eher klein", "nein"),
    ("sehr dunkel", "eher klein", "ja"),
    ("eher hell", "eher klein", "nein"),
    ("eher hell", "eher groß", "ja"),
    ("eher hell", "eher klein", "nein")]
```

Dann definieren wir unseren anfänglichen Baum als Nichtwissen-Blatt (also *), setzen den Zähler für die Durchläufe auf 0 und nehmen an, dass der Baum noch Fehler macht, ansonsten müsste ja gar nichts gelernt werden. Schau nochmal im Kapitel 2, »Lernen«, nach, wenn du dir gerade nicht sicher bist, was wir mit Blatt meinen.

Die `while`-Schleife sorgt dafür, dass mehrfach durch die Beispielpakete gelaufen wird, genau wie das auch beim Perzeptron war. Die `for`-Schleife holt Paket für Paket aus der Liste.

```python
# Anfänglicher Baum
baum = entscheidungsbaum.neuesNichtwissenBlatt()

durchlauf = 0
fehler = True

# Wiederhole bis alles richtig gelernt wurde
# aber maximal 5 Runden
while fehler and durchlauf < 5:
    durchlauf = durchlauf + 1
    fehler = False
```

Im Rest des Programms geht es darum, wie das Paket von der Wurzel, je nach den Werten, die es für Helligkeit und Größe hat, einen Pfad bis zum Blatt wandert (`while not knoten.istEinBlatt()`) und wie der Baum verändert wird, wenn die Klasse im Blatt und beim Paket nicht übereinstimmen.

```python
# Schleife über alle Lernbeispiele
for paket in lern_pakete:
    klasse_des_pakets = paket[-1]

    # Beginne oben im Baum
    knoten = baum
    tiefe = 0

    # Steige anhand der Merkmale des Pakets
    # den Baum bis zu einem Blatt hinab
    while not knoten.istEinBlatt() and tiefe < \
            len(merkmale):
        knoten = knoten.kindFuerWert(paket[tiefe])
        tiefe = tiefe + 1
```

Dabei zählen wir mit, wie tief wir uns im Baum befinden. Davon hängt nämlich ab, welches Merkmal wir in den Baum einfügen. Und an dieser Stelle in `paket` steht auch der Wert, den ein Paket für dieses Merkmal hat.

Wenn das Paket an einem Blatt angekommen ist, **wird geprüft, welche Klasse das Blatt vermutet**. Hier gibt es drei Fälle (die `if`- und `elif`-Teile im Programm).

```python
        # Keine Ahnung
        if knoten.istNichtwissenBlatt():
            knoten.setzeKlasse(klasse_des_pakets)
            fehler = True
        # Falsche Klasse
        elif not knoten.welcheKlasse() == \
                klasse_des_pakets:
            # weitere Merkmale vorhanden
            if tiefe < len(merkmale):
                merkmal_name, merkmal_werte = merkmale[tiefe]
                knoten.setzeAuswahlMerkmal(merkmal_name)

                # Knoten hinzufügen
                for wert in merkmal_werte:
                    if paket[tiefe] == wert:
                        blattFuerWert = \
                            entscheidungsbaum.neuesBlatt(\
                                klasse_des_pakets)
                    else:
                        blattFuerWert = \
                            entscheidungsbaum.neuesNichtwissenBlatt()
                    knoten.neuesKind(wert, blattFuerWert)
                fehler = True

            # keine weiteren Merkmale
            else:
                knoten.setzeKlasse(klasse_des_pakets)
                fehler = True

print(baum)
```

Wenn das Paket an einem Nichtwissen-Blatt angekommen ist, ersetzen wir das Nichtwissen (*) durch die Klasse des Pakets (`knoten.setzeKlasse`).

Wenn die Vermutung des Blatts mit der tatsächlichen Klasse des Pakets nicht übereinstimmt, muss ein neues Merkmal eingefügt werden. Das ist der komplizierteste Fall. Hier muss der Blattknoten durch den Merkmalsnamen ersetzt werden (`knoten.setzeAuswahlMerkmal`) und dann müssen so viele neue Blattknoten eingefügt werden, wie das Merkmal Werte hat. Für den Wert, den das Paket hat, können wir dem Blattknoten gleich die Klasse des Pakets zuweisen (`entscheidungsbaum.neuesBlatt(klasse_des_pakets)`). Alle anderen Knoten sind Nichtwissen-Blätter. Die Knoten, die man neu einführt, heißen in der Fachsprache tatsächlich *Kinder des Knotens*. Natürlich können wir nur dann ein neues Merkmal in den Baum einfügen, wenn wir noch ein Merkmal zur Verfügung haben, also noch nicht zu tief im Baum sind. Wenn wir schon zu tief sind, ersetzen wir die falsche Klasse des Blatts durch die Klasse des Pakets.

Der dritte und letzte Fall ist, dass das Blatt die Klasse des Pakets richtig vermutet. Dann müssen wir den Baum nicht ändern. Daher brauchen wir für diesen Fall auch nichts in unseren Code zu schreiben.

Nachdem der Algorithmus durch die `while`-Schleife gelaufen ist, lassen wir uns den Baum anzeigen. Hierfür verwenden wir eine `print`-Anweisung, die den Baum als Text ausgibt. Wenn man wirklich hübsche Bäume ausgeben will, muss man spezielle Grafikmodule von Python nutzen.

Wenn der Entscheidungsbaum anhand der gesehenen Pakete aufgebaut ist, sind damit die Regeln, nach denen entschieden wird, ob man im Paket ein Geschenk vermutet oder nicht, gelernt. Anders als beim Perzeptron ist das erworbene Wissen explizit. Der kleine Roboter könnte dir nun sagen: »Ich glaube, dass in allen Paketen, die entweder eher hell sind oder die eher dunkel und klein sind, ein Geschenk steckt.«

Testen des Entscheidungsbaums

Wie beim Perzeptron möchten wir jetzt testen, ob unser Entscheidungsbaum richtig gelernt hat. Dazu übergeben wir unserem Programm die vier Pakete, für die du schon am Anfang des Kapitels geraten hast, ob sie ein Geschenk enthalten oder nicht. Die Testpakete beschreiben wir für den Entscheidungsbaum und fragen, was er für die Pakete erwartet.

```python
# Pakete zum Testen
test_pakete = [
    ("eher hell", "eher klein"),
    ("sehr dunkel", "eher groß"),
    ("eher hell", "eher klein"),
    ("sehr dunkel", "eher klein")]

# Schleife über alle Testbeispiele
for paket in test_pakete:
    # Beginne oben im Baum
    knoten = baum
    tiefe = 0

    # Steige anhand der Merkmale des Pakets
    # den Baum bis zu einem Blatt hinab
    while not knoten.istEinBlatt():
        knoten = knoten.kindFuerWert(paket[tiefe])
        tiefe = tiefe + 1

    # Entscheidung
    if knoten.istNichtwissenBlatt():
        geschenk_erwartet = "*"
    else:
        geschenk_erwartet = knoten.welcheKlasse()

    print(geschenk_erwartet)
```

Für jedes Testpaket wird der passende Pfad im Baum bis zum Blatt durchlaufen und die Klasse ausgegeben. Wenn das Paket an einem Nichtwissen-Blatt ankommt, lassen wir uns * ausgeben.

Wenn du deinen eigenen Entscheidungsbaum-Algorithmus testen möchtest, lade dein Python-Dokument in die Shell. Dir wird der Baum angezeigt, der gelernt wurde, und wie dieser für die Testpakete entscheidet.

Der Entscheidungsbaum-Algorithmus funktioniert genauso auch für Merkmale mit mehr als zwei Werten. Wäre das Merkmal Helligkeit in drei Werte unterteilt, würde man nämlich drei Verzweigungen vorsehen – und in der Beschreibung der Merkmale (`merkmale`) *zusätzliche Werte angeben.*

Natürlich kann das Programm auch für mehr als zwei Merkmale lernen. Dazu musst du nur die zusätzlichen Merkmale in `merkmale` ergänzen und natürlich die Lern- und Testpakete anpassen. Kein Problem also, die Smileys wieder dazu zu nehmen.

Sprechen und Schreiben

Nachdem wir dir jetzt schon Python Code gezeigt haben, um eine KI über ein kleines Themenfeld »denken« zu lassen und um eine KI mithilfe eines Perzeptrons und eines Entscheidungsbaumes etwas »lernen« zu lassen, kommen wir jetzt zum »sprechen«. Schau dir zuerst das Kapitel 3, »Sprechen und Schreiben«, an, falls du das noch nicht gemacht hast. Wir möchten jetzt mit dir LILI programmieren, die wir dir in Kapitel 3 schon vorgestellt haben.

1 **Erstelle ein neues Python-Dokument.**

Wir haben unser Dokument lili.py genannt.

```
❷ def satz_umformulieren(satz):
       verben = [("mag", "magst"),
                 ("liebe", "liebst"),
               ❸ ("spiele", "spielst"),
                 ("habe", "hast"),
                 ("gehe", "gehst"),
                 ("rede", "redest")]
```

2 **Definiere die Funktion** `satz_umformulieren`.

Die Funktion erhält den Aussagesatz, der umformuliert werden soll, als Eingabe.

3 Lege eine Liste mit Verben in Ich- und Du-Form an.

Mit diesen Verben soll LILI arbeiten können. Jedes Element der Liste ist ein Paar von Ich- und Du-Formen.

Wir haben eine Auswahl von Verben in unsere Liste geschrieben. Du kannst natürlich noch weitere Verben hinzufügen.

4 Füge eine for-Schleife ein.

```
4 for ich_form, du_form in verben:
      anfang = "Ich " + ich_form + " " 5
   6 if satz.startswith(anfang):
         7 frage = "Warum " + du_form + " Du " + \
                 satz[len(anfang):] + "?"
         print(frage)
         8 return True
9 return False
```

Mit der Schleife gehen wir nacheinander alle Verben durch. Dabei speichern wir die Ich-Form in der Variablen `ich_form` und die Du-Form in der Variablen `du_form`.

5 Erstelle die Variable `anfang`.

Mit der Variablen wollen wir testen, ob der Satz passend beginnt.

Zuerst bauen wir uns zusammen, wie der Satz beginnen müsste, und schreiben das in die Variable `anfang`.

Achte auf die Leerzeichen in den Zeichenketten.

6 Schreibe eine `if`-Anweisung, um zu testen, ob der Satz wirklich so beginnt.

Wir nutzen die bereits fertige Methode `startswith`, die mit Zeichenketten arbeitet. Die Methode überprüft, ob eine Zeichenkette mit einer bestimmten Zeichenfolge beginnt (auf Englisch *starts with*).

7 Baue den Fragesatz zusammen und gib ihn aus.

Wie oben beschrieben, beginnt die Frage mit `Warum`, dann folgt die `du_form`, dann das `Du`, dann kommt der Rest des Satzes und schließlich ein Fragezeichen.

Mit der Anweisung `satz[von:]` schneiden wir einen Teil der Zeichenkette in der Variablen `satz` heraus. Für *von* müssen wir die Nummer des Zeichens angeben, ab dem die Zeichenkette stehenbleiben darf.

Die Funktion `len` gibt die Länge einer Zeichenkette zurück.

8 Melde Erfolg zurück.

Wenn wir einen Aussagesatz in einen Fragesatz umgewandelt haben, nutzen wir eine `return`-Anweisung, um `True` zurückzugeben. So wissen wir, wenn wir die Funktion `satz_umformulieren` später nutzen, ob sie erfolgreich war.

9 Melde keinen Erfolg zurück, wenn kein Verb gepasst hat.

Wenn kein Verb passt, also die ganze `for`-Schleife durchlaufen wurde, nutzen wir eine `return`-Anweisung, um `False` zurückzugeben.

So, jetzt kann LILI also mithilfe der Funktion `satz_umformulieren` einen Aussagesatz in einen Fragesatz umformulieren. Zum Beispiel würde der Aufruf `satz_umformulieren("Ich rede gern")` dazu führen, dass LILI »Warum redest du gern?« ausgibt.

Familiengespräche

Was soll LILI noch können, außer Aussagesätze umzuformulieren? Sie soll sich nach deiner Familie erkundigen, wenn du ein Familienmitglied erwähnst, beispielsweise deine Mutter. Auch das können wir einfach in Python umsetzen.

10 Definiere die Funktion nach_familie_fragen.

```
❶ def nach_familie_fragen(satz):
❷     familienmitglieder = ["Mutter", "Mama", "Mami",
                          "Vater", "Vati", "Papi",
                          "Bruder", "Schwester"]
❸     woerter = satz.split()
       for familienmitglied in familienmitglieder: ❹
❺         if familienmitglied in woerter:
❻             print("Erzähl mir mehr über deine Familie.")
               return True
❼     return False
```

Die Funktion erhält den Satz, den du gesagt hast, als Eingabe.

11 Lege eine Liste mit Familienmitgliedern an.

Auf diese Familienmitglieder soll LILI reagieren.

Wir schreiben in die Liste mehrere mögliche Bezeichnungen für die Familienmitglieder. LILI »weiß« schließlich nicht, dass »Mama« nur ein anderes Wort für »Mutter« ist.

Gerne kannst du die Liste noch ergänzen, beispielsweise mit »Mutti«.

12 Teile den Satz in Wörter auf.

Wir verwenden die bereits fertige Methode `split`, die eine Zeichenkette in eine Liste von Wörtern aufteilt. Das funktioniert natürlich nur, wenn zwischen zwei Wörtern immer ein Leerzeichen steht.

13 Gehe mit einer `for`-Schleife nacheinander alle Familienmitglieder durch.

14 Teste, ob das Familienmitglied im Satz vorkommt.

Wir nutzen hierzu eine `if`-Anweisung und fragen, ob die Zeichenkette für das Familienmitglied (zum Beispiel »Mama«) in der Liste der Wörter vorkommt.

15 Gib eine Nachfrage zur Familie aus.

Hierfür nutzt du den `print`-Befehl.

16 Melde Erfolg (`True`) oder kein Erfolg (`False`) zurück.

Wie für die Funktion `satz_umformulieren` geben wir `True` zurück, wenn wir auf den eingegebenen Satz passend reagieren konnten. Ansonsten geben wir `False` zurück, nachdem die ganze `for`-Schleife durchlaufen wurde.

Schreiben statt Sprechen

Jetzt kann LILI also Aussagesätze in Fragesätze umdrehen und sich nach deiner Familie erkundigen. Aber woher weiß LILI überhaupt, was du gesagt hast?

Leider kannst du nicht direkt mit LILI sprechen, aber du kannst deine Sätze mit der Tastatur eingeben. Den Text muss LILI dann aber noch etwas aufbereiten, um damit zu arbeiten. Dafür wollen wir uns jetzt eine Python-Funktion definieren:

1 **Definiere die Funktion lese_satz.**

```
❶ def lese_satz():
    # Text einlesen
❷   eingabe = input()

    # Leerzeichen am Anfang und Ende entfernen
❸   eingabe = eingabe.strip()

    # Mehrere Leerzeichen hintereinander
    # durch ein einzelnes ersetzen
❹   while not eingabe.find("  ") < 0:
❺       eingabe = eingabe.replace("  ", " ")

    # Punkt am Ende entfernen
❻   if eingabe.endswith("."):
        eingabe = eingabe[:-1]

❼   return eingabe
```

2 **Erstelle die Variable `eingabe` und lese den Text ein.**

Mit der Funktion `input` kann man in Python einen Text von der Tastatur einlesen. Die Funktion liest den Text, den du eingibst, so lange ein, bis du die Eingabetaste drückst.

3 **Entferne Leerzeichen am Anfang und Ende deines Textes in `eingabe`.**

Falls du aus Versehen am Anfang oder am Ende deines Textes ein Leerzeichen eingegeben hast, entfernt die bereits fertige Methode `strip` diese.

4 **Erstelle eine `while`-Schleife, um zwei direkt aufeinanderfolgende Leerzeichen im Text zu finden.**

In der Funktion `nach_familie_fragen`, die wir gerade geschrieben haben, wird der Text in Wörter aufgeteilt. Wenn zwei Leerzeichen hintereinander im Text sind, würde Python ein »leeres« Wort anlegen.

Die bereits fertige Methode `find` gibt die Position einer Zeichenkette in einer anderen Zeichenkette an. Wenn eine Position kleiner 0 zurückgegeben wird, ist die Zeichenkette nicht enthalten.

5 **Ersetze alle doppelten Leerzeichen deines Textes in `eingabe` durch ein einzelnes Leerzeichen, indem du die bereits fertige Methode `replace` verwendest.**

6 **Schreibe eine `if`-Anweisung, um Punkte am Ende eines Satzes zu entfernen.**

Wir nutzen hier die bereits fertige Methode `endswith`, die mit Zeichenketten arbeitet. Die Methode überprüft, ob eine Zeichenkette mit einer bestimmten Zeichenfolge endet (auf Englisch *ends with*).

Mit der Anweisung `eingabe[:-1]` schneiden wir uns einen Teil der Zeichenkette in der Variablen `eingabe` heraus. Und zwar alle Zeichen bis auf das letzte.

7 **Nutze `return`, um den eingelesenen und korrigierten Text zurückzugeben.**

So, jetzt haben wir alle Bestandteile für unser LILI-Programm. Bauen wir es zusammen:

1 **Importiere das `random`-Modul.**

Dieses Modul erlaubt es uns, den Zufall zu Hilfe zu nehmen.

2 **Definiere die Funktion lili.**

3 **Lege eine Liste mit Kommentaren und eine Liste mit Nachfragen an.**

Dies sind die Textbausteine, aus denen LILI eine Standardantwort erzeugt, wenn es deine Eingabe nicht versteht.

4 **Gib mithilfe des `print`-Befehls eine Begrüßung aus.**

Die `print`-Anweisung ohne Argumente gibt eine leere Zeile aus. Das sieht auf dem Bildschirm einfach besser aus.

5 **Lege die Variable `gespraech_zu_ende` an.**

In dieser Variablen speichern wir, ob das Gespräch mit LILI zu Ende ist. Wir setzen sie am Anfang auf `False`, damit wir überhaupt mit LILI sprechen können.

6 **Durchlaufe die folgenden Anweisungen mit `while not` immer wieder, solange das Gespräch noch nicht zu Ende ist.**

7 **Lese einen Satz mithilfe der Funktion `lese_satz()` ein.**

8 **Erstelle die Variable `geantwortet` und setze sie auf `False`.**

In dieser Variablen speichern wir, ob LILI bereits auf deinen Satz geantwortet hat.

9 **Überprüfe, ob `Tschüß` eingegeben wurde.**

LILI wird so lange mit dir sprechen, bis du `Tschüß` eingibst. Das steht ja auch genauso in der Begrüßung.

10 **Wenn `Tschüß` eingegeben wurde, gib eine Verabschiedung aus.**

Wir setzen `geantwortet` auf `True`, damit LILI weiß, dass sie nicht mehr auf deine Eingabe antworten muss.

Zusätzlich setzen wir `gespraech_zu_ende` auf `True`, damit die `while`-Schleife nicht noch mal durchlaufen wird.

```python
❶ import random

❷ def lili():
   ❸  kommentare = ["Das klingt interessant.", "Aha."]
       nachfragen = ["Erzähl mir mehr davon!",
                     "Woruber willst du noch sprechen?",
                     "Und weiter?"]

   ❹  print("Hallo! Mein Name ist Lili. Schön, dass du",
             "mit mir sprechen willst. Wenn du keine Lust",
             "mehr hast, sag einfach 'Tschüss'.",
             "Was möchtest du mir heute erzählen?")
       print()

   ❺  gespraech_zu_ende = False

   ❻  while not gespraech_zu_ende:
       ❼  eingabe = lese_satz()

       ❽  geantwortet = False

       ❾  if eingabe == "Tschüß":
           ❿  print("Schade, dass du schon gehen willst.",
                     "Bis bald!")
               geantwortet = True
               gespraech_zu_ende = True

       ⓫  if not geantwortet:
               geantwortet = satz_umformulieren(eingabe)

       ⓬  if not geantwortet:
               geantwortet = nach_familie_fragen(eingabe)

       ⓭  if not geantwortet:
               print(random.choice(kommentare),
                     random.choice(nachfragen))

       ⓮  print()
```

11 Versuche, ob deine Eingabe in einen Fragesatz umformuliert werden kann, indem du die Funktion `satz_umformulieren()` verwendest.

Teste mit einer `if`-Anweisung, ob LILI noch nicht geantwortet hat.

Falls das der Fall ist, formuliere den Satz in einen Fragesatz um. Die Funktion `satz_umformulieren` gibt `True` zurück, wenn dies gelingt, andernfalls `False`. Dies speichern wir in der Variablen `geantwortet`.

12 Versuche, ob nach der Familie gefragt werden kann, indem du die Funktion `nach_familie_fragen()` aufrufst.

Wir testen wieder mit einer `if`-Anweisung, ob LILI noch nicht geantwortet hat. Wir versuchen nach der Familie zu fragen, was natürlich nur Sinn macht, wenn ein Familienmitglied im Satz erwähnt wurde. Ob das funktioniert hat, speichern wir wieder in der Variablen `geantwortet`.

13 Gib eine Standardantwort mithilfe von `random.choice()` aus.

Mit der bereits fertigen Methode `random.choice()` wählen wir zufällig einen Kommentar aus der Liste `kommentare` und eine Nachfrage aus der Liste `nachfragen` aus. Diese geben wir nacheinander aus.

14 Gib mithilfe des `print`-Befehls eine Leerzeile aus.

Das war's.

LILI spricht

Wenn du unsere einfache ELIZA – unsere LILI – ausprobieren möchtest, setze folgende Schritte um:

1 Öffne dein Python-Dokument in der Entwicklungsumgebung IDLE.

2 Starte dein Python-Programm mit Klick auf Run und dann auf Run Module.

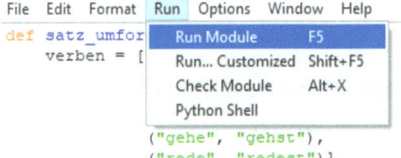

3 **Starte LILI mit dem Funktionsaufruf** `lili()`.

Das kannst du so oft wiederholen, wie du möchtest.

Nun kannst du mit LILI reden. Wir haben mal ein ==Beispielgespräch mit LILI== geführt.

```
>>> lili()
Hallo! Mein Name ist Lili. Schön, dass du mit mir sprechen willst.
Wenn du keine Lust mehr hast, sag einfach 'Tschüss'. Was möchtest du
mir heute erzählen?

Ich mag Blumen.
Warum magst du Blumen?

Mama mag sie.
Erzähl mir mehr über deine Familie.

Wir heißen Mayer.
Das klingt interessant. Und weiter?

Tschüss.
Schade, dass du schon gehen willst. Bis bald!
>>> |
```

Spielen

Du hast das Kapitel 5, »Spielen« bereits gelesen und willst nun dein eigenes Spiel programmieren? Dann schau dir die folgenden Abschnitte an, in denen es um Tic-Tac-Toe geht.

Tic-Tac-Toe in Python

Nun wollen wir dir zeigen, wie ein Spiele-Agent gut Tic-Tac-Toe spielen kann. Wie beim Entscheidungsbaum haben wir schon einige Teile für dich vorbereitet.

Im Modul `tictactoe` haben wir zum einen die Klasse `Spielstand` definiert, die dafür da ist, den aktuellen Spielstand zu speichern: also, welche Felder mit einem Kreis oder einem Kreuz besetzt sind, welche Felder noch frei sind und wer am Zug ist.

Zusätzlich enthält die Datei auch noch die Funktion `starteSpiel`, mit der du gegen den Computer spielen kannst.

Die Programmteile findest du zum Herunterladen auf der Webseite des Verlags: www.wiley-vch.de/ISBN 9783527721887.

1. **Öffne unser Python-Dokument** (`tictactoe.py`) **in der Entwicklungsumgebung IDLE.**

2. **Starte das Programm** mit einem Klick auf `Run` und dann auf `Run Module`.

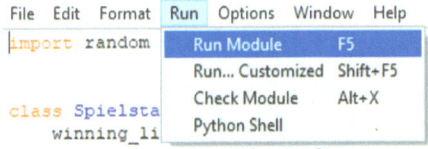

3. **Starte ein neues Tic-Tac-Toe-Spiel, indem du** `starteSpiel()` **eintippst.**

   Der Spiele-Agent nimmt immer die Kreise, du nimmst immer die Kreuze.

   Wer anfangen darf, wird per Zufall entschieden. In unserem Beispiel hat der Spiele-Agent angefangen. Er hat seinen Kreis in die Mitte der ersten Reihe gesetzt.

   ```
   >>> starteSpiel()
   Schön, dass du eine Runde Tic-Tac-Toe spielen möchtest!
   Du spielst als "X", ich als "O". Ich fange an!

   1 | O | 3
   ---------
   4 | 5 | 6
   ---------
   7 | 8 | 9
   Gib die Nummer des Feldes ein, das du besetzen möchtest:
   ```

4. **Wähle, in welches Feld du dein Kreuz setzen willst.**

   Alle Felder sind von 1 (links oben) bis 9 (rechts unten) durchnummeriert.

   Gib einfach über die Tastatur die Nummer des Felds ein, in das du dein Kreuz setzen willst, und drücke die Enter-Taste.

Wenn du ein Feld wählst, das schon besetzt ist, fragt der Spiele-Agent dich einfach noch mal.

5 Spiele weiter.

Der Spiele-Agent setzt automatisch weiter seine Kreise und fragt dich, wo du dein Kreuz setzen willst, bis das Spiel vorbei ist.

```
1 | O | 3
---------
4 | 5 | 6
---------
7 | 8 | 9
Gib die Nummer des Feldes ein, das du besetzen möchtest: 5

1 | O | 3
---------
4 | X | 6
---------
7 | O | 9
Gib die Nummer des Feldes ein, das du besetzen möchtest: 4
```

Am Ende sagt der Spiele-Agent noch, wer gewonnen hat, oder ob das Spiel unentschieden ausgegangen ist.

Wir haben das Programm so geschrieben, dass der Spiele-Agent zufällig seinen Kreis in ein freies Feld setzt. So kann er zwar mit dir spielen, aber er spielt nicht wirklich gut. Das wollen wir jetzt gemeinsam mit dir ändern.

Der Minimax-Algorithmus

Nun beginnen wir mit der Programmierung des Minimax-Algorithmus in Python. Das Programm besteht aus zwei Funktionen: `minimax` und `spieler_zieht`.

Die Funktion `minimax` ist die Hauptfunktion unseres Algorithmus. Sie liefert uns, wenn der Spiele-Agent am Zug ist, immer das für den Spiele-Agent bestenfalls mögliche Ergebnis zurück, zusammen mit dem Feld, in das der Spiele-Agent seinen Kreis setzen soll.

Die Funktion `spieler_zieht` liefert das für den Spiele-Agent schlechteste Ergebnis zurück, das du erreichen kannst, wenn du am Zug bist.

Wir zeigen dir hier, wie du die Funktion `minimax` programmierst. Die Funktion `spieler_zieht` kannst du dann selbst programmieren. Sie macht ja beinahe das Gegenteil von `minimax`. Du findest sie aber auch in unserer Musterlösung.

1 **Erstelle ein neues Python-Dokument.**

Wie du ein Python-Dokument erstellen kannst, haben wir dir am Anfang dieses Kapitels gezeigt.

Wir haben unser Python-Dokument nach dem Algorithmus <mark>minimax.py</mark> genannt.

```python
❷ import tictactoe

❸ def minimax(zustand):
    ❹ gewonnen_mit = None
    unentschieden_mit = None
    verloren_mit = None

    ❺ for feld in zustand.freieFelder():
        naechsterZustand = zustand.besetzeFeld(feld) ❻

        ❼ if naechsterZustand.spielBeendet():
            ❽ if naechsterZustand.O_hat_gewonnen():
                ergebnis = "gewonnen"
            elif naechsterZustand.unentschieden():
                ergebnis = "unentschieden"
            else:
                ergebnis = "verloren"
        ❾ else:
            ergebnis = spieler_zieht(naechsterZustand)

        ❿ if ergebnis == "gewonnen":
            gewonnen_mit = feld
        elif ergebnis == "unentschieden":
            unentschieden_mit = feld
        else:
            verloren_mit = feld

    ⓫ if gewonnen_mit is not None:
        return "gewonnen", gewonnen_mit
    elif unentschieden_mit is not None:
        return "unentschieden", unentschieden_mit
    ⓬ else:
        return "verloren", verloren_mit
```

2 **Importiere unser Modul `tictactoe`.**

3 Definiere die Funktion `minimax` mit einem Parameter.

Eine Funktionsdefinition beginnt mit `def`. Danach folgt der Name der Funktion. Der Parameter gibt an, in welchem Spielzustand wir uns gerade befinden, also wo bereits Kreuze und Kreise sind, ob das Spiel schon vorbei ist und so weiter. Deshalb haben wir unseren Parameter `zustand` genannt.

4 Lege die Variablen `gewonnen_mit`, `unentschieden_mit` und `verloren_mit` an.

In diesen Variablen speichern wir, in welches Feld der Spiele-Agent seinen Kreis setzen kann, um zu gewinnen, unentschieden zu spielen oder zu verlieren. Der Python-Wert `None` steht hier für »kein Feld bekannt«.

5 Lege eine `for`-Schleife über alle freien Felder an.

In der Variablen `zustand` befindet sich der aktuelle Spielzustand.

Die Methode `freieFelder` haben wir in `tictactoe` vorbereitet. Sie liefert eine Liste mit allen freien Feldern zurück.

6 Erzeuge den Spielzustand, der entsteht, wenn der Computer seinen Kreis setzt.

Dafür haben wir die Methode `besetzeFeld` vorbereitet. Sie belegt das Feld, das als Parameter übergeben wird, mit dem Symbol des Spielers, der gerade am Zug ist, und prüft automatisch, ob das Spiel dann zu Ende ist und wie das Spiel ausgegangen ist.

Wir speichern den Zustand in der Variablen `naechsterZustand`.

Der Spielzug wird nur probehalber durchgeführt. Der Computer wird ja alle freien Felder testen. Der Spielzustand ist also noch nicht endgültig.

7 Schreibe eine bedingte Anweisung, die prüft, ob das Spiel für den Probezug zu Ende ist.

Die vorbereitete Methode `spielBeendet` liefert `True` zurück, wenn das Spiel beendet ist, ansonsten `False`.

8 Bewerte den Endzustand für den Probezug.

Teste mit einer bedingten Anweisung, ob der Spiele-Agent gewonnen hätte (`O_hat_gewonnen`), ob das Spiel unentschieden ausgehen würde (`unentschieden`) oder ob der Spiele-Agent verloren hätte (`else`).

Das Ergebnis des Tests merken wir uns in der Variablen `ergebnis`.

9 Wenn das Spiel für den Probezug noch nicht beendet ist, suche den für den Spiele-Agenten schlechtesten nächsten Spielzug.

10 Speichere das Feld, das der Spiele-Agent im aktuellen Schleifendurchlauf getestet hat, in der passenden Variablen.

Nutze eine bedingte Anweisung, um zu unterscheiden, ob der Spiele-Agent gewinnen, verlieren oder unentschieden spielen würde. Wenn der Spiele-Agent gewinnen würde, speichere das Feld in der Variablen `gewonnen_mit`. Bei einem Unentschieden speichere das Feld in der Variablen `unentschieden_mit`. Ansonsten in der Variablen `verloren_mit`.

11 Liefere zurück, ob der Spiele-Agent gewinnen oder unentschieden spielen könnte.

Nachdem alle Felder durchgespielt worden sind, prüfe in einer bedingten Anweisung, ob es ein Feld gibt, mit dem der Spiele-Agent gewinnen oder unentschieden spielen kann. Falls ja, gib `"gewonnen"` oder `"unentschieden"` zusammen mit dem Feld zurück.

12 Andernfalls gib `"verloren"` mit dem Feld zurück.

Wer gewinnt?

So, jetzt weiß der Spiele-Agent, welchen Zug er ausführen muss, um zu gewinnen – oder zumindest unentschieden zu spielen. Das kannst du jetzt auch ausprobieren:

1 Öffne dein Python-Dokument (`minimax.py`) in der Entwicklungsumgebung IDLE.

2 **Starte das Programm, indem du auf Run und dann auf Run Module klickst.**

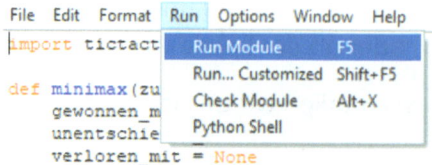

3 **Starte ein neues Spiel mit dem Minimax-Algorithmus** indem du `tictactoe.starteSpiel(minimax)` eingibst und dann ⌈Enter⌋ drückst.

```
>>> tictactoe.starteSpiel(minimax)  ③
Schön, dass du eine Runde Tic-Tac-Toe spielen möchtest!
Du spielst als "X", ich als "O". Du fängst an!

1 | 2 | 3
---------
4 | 5 | 6
---------
7 | 8 | 9
Gib die Nummer des Feldes ein, das du besetzen möchtest: 4  ④

1 | 2 | 3
---------
X | 5 | O
---------
7 | 8 | 9
Gib die Nummer des Feldes ein, das du besetzen möchtest:  ⑤
```

Wie beim zufälligen Spiel nimmt der Spiele-Agent immer den Kreis und du das Kreuz. Wer anfängt, wird per Zufall entschieden. In unserem Beispiel darfst du beginnen.

4 **Gib die Nummer des Feldes ein, in das du dein Kreuz setzen willst.**

Wir haben eine 4 eingegeben, um das Feld links von der Mitte zu besetzen.

5 **Spiele weiter.**

Der Spiele-Agent setzt automatisch weiter seine Kreise und fragt dich immer wieder, wo du dein Kreuz setzen willst – bis das Spiel vorbei ist.

Der Spiele-Agent nutzt dabei immer den von dir geschriebenen Minimax-Algorithmus. Da er immer den bestmöglichen Zug wählt, wird der Spiele-Agent nicht verlieren!

Zum Wiederfinden

A
Abduktion 23
AI *siehe* Artificial Intelligence
Alexa 52
Algorithmus 14
  Minimax 76
Anweisung 100
  bedingte 104
  über mehrere Zeilen 106
Argument 17
Artificial General Intelligence 96
Artificial Intelligence 9
Aussagesatz 52
Automaten 93

B
Baum 46
Bayes'sches Netz 26
Bedingte Anweisung 104
Bildrechte 67
Brettspiel 72

C
Chatbot 57
ChatGPT 57
Computerspiel 70, 73
  Angry Birds 70

D
Datenschutz 66
Deduktion 22
Deep Blue 80
Deep learning 40
Deep Learning Network 126
Denken 13
  abduktiv 23
  deduktiv 22
  induktiv 24
  logisch 15

E
Ekman, Paul 82
ELIZA 54
Emotion 81
Entscheidungsbaum 43
  Blatt 46
  CAL2 48
  Kante 46
  Knoten 46
  Pfad 46
Erklärbare KI 96
Erklärbare Künstliche Intelligenz 85
EVA-Prinzip 88
eXplainable AI 96
Explizites Lernen 43

F
for-Schleife 107
Fragesatz 55
Fühlen 81
Funktion 109

G
Gefühl 81
Generative Adversarial Networks 62
Generative KI 61
Gewicht 32
Gradientenabstiegsverfahren 39
Graph 16, 113
  Kante 16, 113
  Knoten 16, 113

H
Heuristik 79
Hidden layer 38

I
IDLE 98
Implizites Lernen 43

Induktion 24
Intelligenz
  menschliche 9
Intention 83
Iteration 119

J

John McCarthy 94

K

KI *siehe* Künstliche Intelligenz
KI-Forscher 9
KI-Winter 95
Klasse 112
Kommentar 100
Konzept 30
Künstliche Intelligenz 9
  erklärbare 85, 96

L

Lernen
  auswendig 43
  durch Verstärkung 43
  explizit 43
  implizit 43
  Konzept- 43
  maschinelles 43
  menschliches 28
  Strategie- 43
LILI 55
Liste 103

M

Mehr-Ebenen-Perzeptron 38
Merkmal 29
Mimik 82
Modell 39
Modul 111
Multi-Layer-Perzeptron 38
Mustererkennung 52

N

Netz
  Bayes'sches 26
  semantisches 15, 113
Neuron 28

O

Objekt 112

P

Parameter 109
Perzeptron 31–32, 120
  als Gerade 35
  Gewicht 32
  Verbindung 32
  Wichtigkeit 31–32
Pooling layer 40
Präfixnotation 17
Programmiersprache 51
Prompt 61
Psychologie 81
Python 98
  bedingte Anweisung 104
  Dokument erstellen 98
  for-Schleife 107
  Funktion 109
  IDLE 98
  Keras 50
  Klasse 112
  Kommentar 100
  Liste 103
  Modul 111
  Modulimport 111
  range 108
  Tupel 102
  Variable 101
  while-Schleife 106

R

range 108
Reinforcement Learning *siehe*
     verstärkendes Lernen
Reinforcement Learning from Human
     Feedback *siehe* Verstärkungslernen
Rekursion 19, 118
Relationen 65
RoboCup 69
Roboter
  Haushalts- 84
  humanoid 84
  Pflege- 70
  R2D2 83

Rettungs- 70
Sophia 84
soziale 91

S

Schach 72
Schachautomaten *siehe* Automaten
Schiebepuzzle 78
Schleife 106
Schluss
  logisch 22
  transitiv 15, 18
Schlussfolgerung 18
SDXL. *siehe* Stable Diffusion XL
Semantik 15, 52, 113
Semantische Analyse 52
Semantisches Netz 15, 21, 113
SHRDLU 53
Siri 52
Soziale Roboter 91
Spiel
  Knobel- 78
  Strategie- 70
Spielen 69
  optimal 74
Sprache 51
  künstliche 51
  natürliche 51
  Programmier- 51
Sprachsteuerung 52
Stable Diffusion XL 66
Stereotyp 48
String *siehe* Zeichenkette
Synapse 28
Syntax 51

T

Tic-Tac-Toe 73
Tiefe Netze *siehe* Deep Learning Network
Trainingsbeispiele 33
Transformer-Modelle 62
Transitivitätsgesetz 18
Tupel 102
Turing-Test 56
Turm von Hanoi 78

U

Übergeneralisieren 48

V

Variable 18, 101
Verallgemeinerung 29
verstärkendes Lernen 71
Verstärkungslernen 58

W

Wahrheitswert 101
Watson 54
Wertebereich 108
while-Schleife 106

X

XAI *siehe* eXplainable AI

Z

Zählervariable 108
Zauberwürfel 79
Zeichenkette 101
Zuschreibung 82

Über die Autoren

Ute Schmid ist Professorin für Kognitive Systeme an der Universität Bamberg. Sie hält schon viele Jahre Vorlesungen zum Thema Künstliche Intelligenz. Neben der Informatik hat Ute Schmid auch Psychologie studiert und sie befasst sich mit menschlichem Lernen und wie man Computer dazu bringen kann, so gut zu lernen wie Menschen.

Ein großes Anliegen von Ute Schmid ist es, dass Kinder und Jugendliche Computer und digitale Medien nicht nur nutzen, sondern auch verstehen wollen, wie sie funktionieren. Besonders würde sie sich freuen, wenn dieses KI-Buch dazu beiträgt, dass das Thema Künstliche Intelligenz »entzaubert« wird und die Leserinnen und Leser einen Einblick erhalten, wie man ganz konkret Künstliche Intelligenz durch Programme erzeugen kann.

Katharina Weitz studierte Informatik und Psychologie an der Universität Bamberg. Dort hat sie an einem Projekt gearbeitet, um Kinder spielerisch an die Informatik heranzuführen. Nun arbeitet sie an der Universität in Augsburg. Hier forscht sie, wie man Roboter lebendiger und sozialer gestalten kann. Dafür entwickelt sie Programme, die selbstständig lernen. Wichtig ist ihr dabei zu erfahren, was Menschen über die Programme und Roboter denken.

Mit diesem KI-Buch möchte Katharina Weitz Kindern und Jugendlichen zeigen, was Künstliche Intelligenz kann und was nicht und wie unterschiedlich die Bereiche sind, in denen sie eingesetzt werden kann. Vor allem möchte sie Kinder und Jugendliche zum Experimentieren und Programmieren ermutigen.

Michael Siebers studierte Psychologie und Informatik an der Universität Bamberg. Er erforscht, wie Computer lernen können und wie das gelernte Wissen Menschen anschaulich erklärt werden kann.

Michael Siebers möchte seine Begeisterung für Künstliche Intelligenz mit diesem Buch an Kinder und Jugendliche weiterzugeben. Er möchte zeigen, wie breit gefächert Künstliche Intelligenz ist und wie man mit relativ wenigen Zeilen Python-Code intelligentes Verhalten nachahmen kann.

Danksagung

Ein herzliches Dankeschön geht an **Jens**, der uns die technischen Voraussetzungen bereitgestellt hat, damit wir uns auf das Schreiben der Kapitel dieser Neuauflage konzentrieren konnten.

Was du jetzt denkst

Jetzt, wo du das Buch gelesen hast: Wie würdest du deinen Freunden und Freundinnen erklären, was Künstliche Intelligenz ist und wie sie funktioniert?

_____
_____
_____
_____
_____
_____
_____
_____
_____
_____
_____
_____
_____
_____
_____
_____
_____
_____
_____

Was du jetzt denkst

Das spannendste Thema aus dem Bereich KI (Kapitel in diesem Buch) ist:

_____

_____

Warum ist das Thema spannend?

_____

_____

_____

_____

_____

_____

_____

_____

Was für Anwendungsmöglichkeiten für die beschriebenen Methoden könnte es in Zukunft geben?

_____

_____

_____

_____

_____

_____

_____

_____

Gibt es bestimmte KI-Systeme, die du besonders interessant findest?

Was würdest du damit machen?

Was du jetzt denkst

Was glaubst Du, werden KI Systeme in Zukunft können, was aktuell noch nicht möglich ist?

_____
_____
_____
_____
_____
_____
_____
_____
_____
_____

Was glaubst Du, welche Dinge, die Menschen können, KI Systeme nie können werden?

_____
_____
_____
_____
_____
_____
_____
_____
_____
_____

Dummies Junior – die frechen »... für Dummies« für interessierte Kids und Jugendliche

» Projekte zum Ausprobieren, Programmieren und Experimentieren
» Mit pädagogischem Konzept
» Viele Abbildungen in Farbe
» Verständliche Texte mit einfachen Erklärungen – auch bei schwierigen Themen
» Inhalte in Workshops erprobt

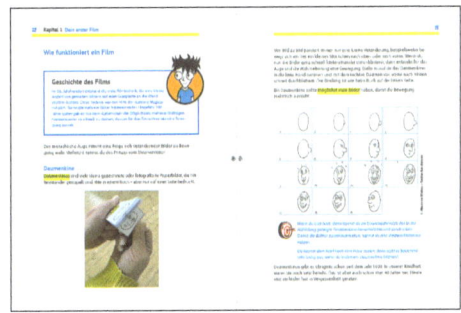

M. Schenk

Mein Weg zu den Sternen für Dummies Junior

1. Auflage 2022   **ISBN:** 978-3-527-71908-2

224 Seiten

Format: 176 mm x 240 mm

Ladenpreis: 18,– €*

Schau in den Himmel und lerne die Planeten, Sterne und Sternbilder kennen. Ob mit bloßem Auge, Fernglas oder Teleskop

M. Weiß und V. Borngässer

Stop-Motion-Trickfilme selber machen für Dummies Junior

2. Auflage 2023   **ISBN:** 978-3-527-72043-9

176 Seiten

Format: 176 mm x 240 mm

Ladenpreis: 16,– €*

Schritt für Schritt zum eigenen Stop-Motion-Video mit der richtigen Beleuchtung, passenden Geräuschen und Spezialeffekten. Hier erfährst du, wie es geht.

* Der €-Preis gilt nur für Deutschland. Preisänderungen und Irrtümer vorbehalten.

C. Ermel und O. Runge

Programmieren und zeichnen mit Python für Dummies Junior

2. Auflage 2022   **ISBN:** 978-3-527-71995-2

224 Seiten

Format: 176 mm x 240 mm

Ladenpreis: 18,- €*

Zaubere tolle Bilder mit dem Computer! Du brauchst dafür nur ein paar einfache Befehle aus der Programmiersprache Python.

W. Eagle et al.

TikTok-Videos selber machen für Dummies Junior

1. Auflage 2023   **ISBN:** 978-3-527-72133-7

160 Seiten

Format: 176 mm x 240 mm

Ladenpreis: 17,-€*

Werde Teil der TikTok Community und begeistere andere mit deinen Ideen. In diesem Buch erfährst du, wie du Videos mit dem Smartphone erstellst, bearbeitest und mit deinen Freunden teilst.

C. Ermel und N. Rosenfeld

Spaß mit Elektronik für Dummies Junior

1. Auflage 2020   **ISBN:** 978-3-527-71705-7

198 Seiten

Format: 176 mm x 240 mm

Ladenpreis: 15,- €*

In diesem Buch lernst du, Schaltungen für coole Gadgets aufzubauen: eine Glückwunschkarte, die leuchtet, eine blinkende Weihnachtsbaumkugel, einen klingenden Draht und anderes mehr.

* Der €-Preis gilt nur für Deutschland. Preisänderungen und Irrtümer vorbehalten.